FACHBUCHREIHE
für wirtschaftliche Bildung

Wirtschafts-kompetenz

für die gewerblichen, hauswirtschaftlich-pflegerisch-sozialpädagogischen sowie landwirtschaftlichen Berufsschulen

Lernsituationen, 3. Ausbildungsjahr

4. Auflage

Lektorat: Jürgen Müller, 79112 Freiburg i. Br.

VERLAG EUROPA-LEHRMITTEL
Nourney, Vollmer GmbH & Co. KG
Düsselberger Straße 23
42781 Haan-Gruiten

Europa-Nr.: 47274

Mitarbeiter des Arbeitskreises

Felsch, Stefan, Oberstudienrat, Freiburg i. Br.
Frühbauer, Raimund, Oberstudiendirektor, Wangen i. A.
Krohn, Johannes, Oberstudienrat, Freiburg i. Br.
Kurtenbach, Stefan, Studiendirektor, Bad Saulgau
Metzler, Sabrina, Oberstudienrätin, Wangen i. A.
Müller, Jürgen, Studiendirektor, Freiburg i. Br.

Leitung des Arbeitskreises und Lektorat

Jürgen Müller, 79112 Freiburg i. Br.

Bildbearbeitung

Verlag Europa-Lehrmittel, 42781 Haan-Gruiten

Wichtiger Hinweis

In diesem Buch befinden sich Verweise/Links auf Internetseiten. Für die Inhalte auf diesen Seiten sind ausschließlich die Betreiber verantwortlich, weshalb eine Haftung ausgeschlossen ist. Für den Fall, dass Sie auf den angegebenen Internetseiten auf illegale und anstößige Inhalte treffen, bitten wir Sie, uns unter info@europa-lehrmittel.de davon in Kenntnis zu setzen, damit wir beim Nachdruck dieses Buches den entsprechenden Link entfernen können.

ISBN 978-3-7585-4147-6

4. Auflage 2022
Druck 5 4 3 2 1

Alle Drucke derselben Auflage sind parallel einsetzbar, da sie bis auf die Korrektur von Druckfehlern identisch sind.

© 2022 by Verlag Europa-Lehrmittel, Nourney, Vollmer GmbH & Co. KG, 42781 Haan-Gruiten
www.europa-lehrmittel.de

Umschlag: tiff.any GmbH & Co. KG, Berlin
Umschlagfoto: hans engbers – fotolia.com
Layout/Satz: tiff.any GmbH & Co. KG, Berlin
Druck: Plump Druck & Medien GmbH, 53619 Rheinbreitbach

Vorwort

Die Arbeitsbuchreihe **Wirtschaftskompetenz – Lernsituationen,** ist abgestimmt auf den **Bildungsplan Wirtschaftskompetenz für Baden-Württemberg,** der seit dem Schuljahr 2016 / 2017 gültig ist.

Die Lernsituationenbände sind **einsetzbar in allen Ausbildungsberufen der folgenden Berufsschulen:**
- gewerbliche Berufsschulen
- hauswirtschaftlich-pflegerisch-sozialpädagogische Berufsschulen
- landwirtschaftliche Berufsschulen

Die Reihe enthält die folgenden Bände:

- **Band 1 – Lernsituationen, 1. Ausbildungsjahr**
  Kompetenzbereich I: Die Rolle des Mitarbeiters in der Arbeitswelt aktiv ausüben

- **Band 2 – Lernsituationen, 2. Ausbildungsjahr**
  Kompetenzbereich II: Als Konsument rechtliche Bestimmungen in Alltagssituationen anwenden

- **Band 3 – Lernsituationen, 3. Ausbildungsjahr**
  Kompetenzbereich III: Wirtschaftliches Handeln in der Sozialen Marktwirtschaft beurteilen
  Kompetenzbereich IV: Entscheidungen im Rahmen einer beruflichen Selbstständigkeit treffen

Die Lernsituationen der drei Bände haben einen **einheitlichen Aufbau:**
- Ausgangssituation,
- Aufträge,
- Datenkranz.

Jede **Lernsituation kann selbstständig mit dem umfassend vorhandenen Datenkranz bearbeitet werden.** Die Lernsituationen orientieren sich an **konkreten beruflichen Aufgabenstellungen, alltäglichen Konsumentenentscheidungen und Handlungsabläufen in Unternehmen.** Die Lernenden erlangen durch die individuelle und auch teamorientierte Bearbeitung der Lernsituationen umfassende Kompetenzen.
Jeder Lernsituationenband wird am Ende durch eine **Sammlung von methodischen Werkzeugen** ergänzt. Diese erleichtern die individuelle oder gruppenbezogene Problemlösung der Lernsituationen. Die Bücher der Reihe können **schulart- und lehrplanübergreifend in allen Ausbildungsberufen** eingesetzt werden, **in denen Wirtschafts- und Sozialkunde unterrichtet wird.**

Die Lernsituationenbände sind **abgestimmt auf die Inhalte des Informationsbandes Wirtschaft – Recht – Beruf** (Wirtschaftskunde für berufliche Schulen), der die Inhalte des Bildungsplanes unter fachsystematischen Gesichtspunkten darstellt. Um die jeweiligen Inhalte im Informationsband leichter zu finden, haben die einzelnen Lernsituationen dieses Lern- und Arbeitsbuches neben der Ausgangssituation einen **symbolischen Verweis** zu den jeweiligen zugeordneten Kapiteln im Informationsband. Der Informationsband ist unter der **Europanummer 77215** erhältlich.

Am Ende des Bandes sind **Prüfungsaufgaben der Abschlussprüfung der gewerblichen Berufsschule** angefügt. Sie dienen der Anwendung der erarbeiteten Inhalte und zur optimalen Vorbereitung auf die Abschlussprüfung im Ausbildungsberuf.

Ein **Lösungsbuch** zu den Lernsituationen ist im Verlagsprogramm erhältlich (**Europa-Nummer 47281**).

Ihr **Feedback** ist uns wichtig.
Ihre Anmerkungen, Hinweise und Verbesserungsvorschläge zu diesem Buch nehmen wir gerne auf – schreiben Sie uns unter **lektorat@europa-lehrmittel.de.**

Die Verfasser   **Rottenburg, Juli 2022**

Inhaltsverzeichnis

Band 3 – Lernsituationen, 3. Ausbildungsjahr
Kompetenzbereich III: Wirtschaftliches Handeln in der Sozialen Marktwirtschaft beurteilen
Kompetenzbereich IV: Entscheidungen im Rahmen einer beruflichen Selbstständigkeit treffen

Lernsituation		Seite	Zuordnung im Bildungsplan
Kompetenzbereich III: Wirtschaftliches Handeln in der Sozialen Marktwirtschaft beurteilen			
1	**Markt als Ort des Zusammentreffens von Angebot und Nachfrage**	7	Die Schülerinnen und Schüler kennzeichnen den Markt als Ort des Zusammentreffens von Angebot und Nachfrage sowie als Ort der Preisbildung. Sie unterscheiden Märkte anhand der Anzahl der Marktteilnehmer *(Polypol, Angebotsoligopol, Angebotsmonopol)* und erläutern deren Verhalten.
2	**Gesamtangebot, Gesamtnachfrage, Gleichgewichtspreis bei einem Polypol**	13	An einem Beispiel ermitteln sie tabellarisch und grafisch Gesamtangebot, Gesamtnachfrage und den Gleichgewichtspreis bei einem Polypol auf dem vollkommenen Markt. Sie stellen die Auswirkungen von Angebots- und Nachfrageänderungen auf den Gleichgewichtspreis und die Gleichgewichtsmenge dar.
3	**Nachteile der freien Marktpreisbildung und Einflussmöglichkeiten des Staates auf die Marktpreisbildung**	17	Ausgehend von den Nachteilen der freien Marktpreisbildung beschreiben sie die Einflussmöglichkeiten des Staates auf die Marktpreisbildung.
4	**Wesen der Sozialen Marktwirtschaft und Wirkung der Instrumente der Sozialen Marktwirtschaft**	26	Darauf aufbauend kennzeichnen sie das Wesen der Sozialen Marktwirtschaft und erklären anhand von aktuellen Beispielen die Wirkung der Instrumente der Sozialen Marktwirtschaft *(Sozialpolitik, Einkommenspolitik, Wettbewerbspolitik, Umweltpolitik)*.
5	**Zusammenhang zwischen Inflation, Deflation und Kaufkraft**	33	Sie beschreiben die Vorgehensweise zur Ermittlung des Preisindex für die Lebenshaltung sowie den Zusammenhang zwischen Inflationsrate und Kaufkraft und die Auswirkung auf den Reallohn. Sie erklären die nicht-monetären Ursachen und die Folgen von Inflation und Deflation.
6	**Bruttoinlandsprodukt als gesamtwirtschaftliche Messgröße**	43	Das Bruttoinlandsprodukt *(reales und nominales BIP)* definieren die Schülerinnen und Schüler als gesamtwirtschaftliche Messgröße und nehmen zu seiner Funktion als Wohlstandsindikator kritisch Stellung.
7	**Idealtypischer Konjunkturverlauf und Konjunkturindikatoren**	53	Die Schülerinnen und Schüler beschreiben einen idealtypischen Konjunkturverlauf und vergleichen diesen anhand von Indikatoren *(Auftragseingänge, Bruttoinlandsprodukt, Arbeitslosenquote)* mit der realen wirtschaftlichen Entwicklung.
8	**Maßnahmen zur Beeinflussung der Konjunktur und ihre Auswirkungen**	59	Sie stellen exemplarisch Maßnahmen zur Beeinflussung der Konjunktur *(Staatsnachfrage, Einkommensteuer)* dar. Dabei problematisieren sie die Auswirkungen der jeweiligen Maßnahme auf die Konjunkturindikatoren und ihre eigene Lebenssituation.

Kompetenzbereich IV: Entscheidungen im Rahmen einer beruflichen Selbstständigkeit treffen			
1	Motive einer hauptberuflichen Selbstständigkeit	69	Unter Berücksichtigung der besonderen Anforderungen an eine Unternehmerpersönlichkeit erörtern die Schülerinnen und Schüler private und berufliche Chancen und Risiken *(soziale Sicherung, Verantwortung, Einkommen/Vermögen, Arbeitsbelastung)* sowie Motive einer hauptberuflichen Selbstständigkeit.
2	Geschäftsplan	75	Ausgehend von einer konkreten Geschäftsidee skizzieren die Schülerinnen und Schüler exemplarisch einen Geschäftsplan *(Inhalt, Funktion, Adressaten)*. Sie setzen sich mit der Bedeutung von Standortfaktoren im Kontext zur Geschäftsidee auseinander.
3	Rechtsformen	81	Sie vergleichen Rechtsformen *(GbR, Einzelunternehmen, GmbH/ UG)* anhand verschiedener Merkmale *(Mindestkapital, Haftung, Geschäftsführung)* und prüfen, welche Rechtsform sich unter Berücksichtigung der persönlichen Voraussetzungen und der Geschäftsidee am besten eignet.
4	Kapitalbedarfsplan	86	Die Schülerinnen und Schüler ermitteln auf der Grundlage der Geschäftsidee exemplarisch den Kapitalbedarf bei einer Unternehmensgründung *(Kapitalbedarfsplan)*.

Methoden		Seite	Methoden		Seite
▶ M1	Brainstorming – Kartenabfrage	91	▶ M10	Protokoll erstellen	100
▶ M2	E-Mail erstellen	92	▶ M11	Rollenspiel	101
▶ M3	Gruppen-/Teamarbeit	93	▶ M12	Schaubild interpretieren	102
▶ M4	Diskutieren	94	▶ M13	Strukturlegen	103
▶ M5	Gruppenpuzzle/Partnerpuzzle	95	▶ M14	Einen Text erschließen	104
▶ M6	Mindmapping	96	▶ M15	Veranschaulichen mit Strukturbildern	105
▶ M7	Placemat-Activity	97			
▶ M8	Plakat gestalten	98	▶ M16	Galeriegang – jeder präsentiert	106
▶ M9	Präsentieren	99	▶ M17	Stationenlernen (Lernzirkel)	107

Abschlussprüfung der gewerblichen beruflichen Schulen Baden-Württemberg im Fach Wirtschafts- und Sozialkunde	108

Kompetenzbereich III
Wirtschaftliches Handeln in der Sozialen Marktwirtschaft beurteilen

Lernsituationen

LS 1	Markt als Ort des Zusammentreffens von Angebot und Nachfrage	7
LS 2	Gesamtangebot, Gesamtnachfrage, Gleichgewichtspreis bei einem Polypol	13
LS 3	Nachteile der freien Marktpreisbildung und Einflussmöglichkeiten des Staates auf die Marktpreisbildung	17
LS 4	Wesen der Sozialen Marktwirtschaft und Wirkung der Instrumente der Sozialen Marktwirtschaft	26
LS 5	Zusammenhang zwischen Inflation, Deflation und Kaufkraft	33
LS 6	Bruttoinlandsprodukt als gesamtwirtschaftliche Messgröße	43
LS 7	Idealtypischer Konjunkturverlauf und Konjunkturindikatoren	53
LS 8	Maßnahmen zur Beeinflussung der Konjunktur und ihre Auswirkungen	59

III Lernsituation **1**

Markt als Ort des Zusammentreffens von Angebot und Nachfrage

Jörg macht eine Ausbildung als Tischler in der Möbelschreinerei Klaus & Sohn GmbH in Radolfzell. Das Unternehmen ist in der Region einer der wenigen Anbieter von Echtholzküchen.

Auch in seiner Freizeit beschäftigt sich Jörg gerne mit Holz. Er schnitzt vor allem verschiedene Schalen und Schüsseln aus unterschiedlichen Hölzern, die er dann auf Handwerkermärkten in der Region verkauft. Auf diesen gut besuchten Handwerkermärkten werden sehr unterschiedliche Waren angeboten. Meist gibt es jeweils für eine bestimmte Ware (z. B. Holzschalen) nur einen einzigen Stand.

Zurzeit wohnt Jörg noch zu Hause bei seinen Eltern. Allerdings würde er gerne demnächst ausziehen und sich eine eigene kleine Wohnung – am besten mit einer kleinen Werkstatt – suchen. Deswegen verfolgt er derzeit interessiert den Wohnungsmarkt in der Region. In der Zeitung findet er auch einen heute noch aktuellen Artikel zur Situation auf dem Wohnungsmarkt in Deutschland.

Wohnungsmarkt in Deutschland

Es wird eng in den Städten

In Deutschlands Groß- und Universitätsstädten wird es immer schwieriger, bezahlbare Wohnungen zu finden. Das betrifft zunehmend auch Mieter mit mittlerem Einkommen.

Die Lage auf dem Wohnungsmarkt hat sich im vergangenen Jahr in vielen deutschen Städten verschärft. In Berlin stiegen die Angebotsmieten um 9,1 Prozent, in Stuttgart um 6,8 Prozent. In Wolfsburg lagen die Preise bei Neuvermietungen sogar um 19,1 Prozent über dem Vorjahreswert.

Auch Städte wie Braunschweig und Nürnberg haben sich zuletzt deutlich verteuert. Das geht aus dem aktuellen Wohngeld- und Mietenbericht des Bundesbauministeriums hervor, der am Mittwoch im Kabinett behandelt wurde.

»In vielen Ballungsräumen, Groß- und Universitätsstädten sind weiterhin deutliche Mietsteigerungen und vielerorts spürbare Wohnungsmarktengpässe zu verzeichnen«, heißt es in dem Bericht. »Vor allem einkommensschwächere Haushalte, aber auch zunehmend Haushalte mit mittleren Einkommen haben Schwierigkeiten, eine bezahlbare Wohnung zu finden.«

[…]

Allerdings gebe es in Deutschland »keine flächendeckende Wohnungsknappheit«, heißt es in dem Bericht. »In vielen Regionen, vor allem in ländlichen Regionen mit Abwanderung und Leerstand, stagnierten die Mieten oder gingen sogar zurück.«

Entsprechend groß ist die Spannbreite bei den Mieten. Sie reicht bei Erst- und Wiedervermietungen von durchschnittlich 4,08 Euro pro Quadratmeter im Landkreis Wunsiedel im Fichtelgebirge bis zu 13,99 Euro pro Quadratmeter in der Stadt München.

[…]

(Spiegel ONLINE, 25.10.2015)

---

1 Möbelmarkt, Handwerkermarkt, Wohnungsmarkt – Jörg möchte wissen, was ist ein Markt? Lesen Sie den Informationstext ▶D1 und helfen Sie Jörg, den Begriff »Markt« zu klären.

_____

_____

_____

2 Wenn Jörg sich diese drei Märkte (Möbelmarkt, Handwerkermarkt, Wohnungsmarkt) anschaut, sind diese sehr unterschiedlich. Er überlegt sich, wer auf diesen Märkten als Anbieter und Nachfrager auftritt. Er erkennt deutliche Unterschiede in der Anzahl der Marktteilnehmer.
Erstellen Sie für Jörg eine Tabelle mit den drei Märkten, deren Anzahl an Anbietern (einer, wenige, viele) und Nachfragern (einer, wenige, viele) sowie der jeweiligen Marktform. Lesen Sie dazu den Informationstext ▶D2.

Markt	Anzahl an Anbietern	Anzahl an Nachfragern	Marktform
Möbelmarkt			
Handwerkermarkt (Holzschalen)			
Wohnungsmarkt			

3 In der Berufsschule trifft Jörg seinen Freund Giuseppe. Jörg erzählt ihm von seinen Überlegungen zu den unterschiedlichen Marktformen.

Guiseppe: Wenn du also auf dem Handwerkermarkt mit deinen Holzschalen das Monopol hast, kannst du die Schalen ja so teuer verkaufen, wie du willst.

Jörg: So einfach ist das glaube ich nicht. Und wie sieht es für die Anbieter auf dem Möbel- und Wohnungsmarkt aus?

Unterstützen Sie Giuseppe und Jörg. Überlegen Sie, wie sich die Anbieter auf den drei Märkten (Möbelmarkt, Handwerkermarkt, Wohnungsmarkt) bei der Preisbildung verhalten sollten. Notieren Sie in der Tabelle für jeden genannten Markt eine Empfehlung. Lesen Sie dazu den Informationstext ▶D3.

Markt	Empfehlung
Möbelmarkt	
Handwerkermarkt (Holzschalen)	
Wohnungsmarkt	

4   Bei ihren Recherchen über Märkte haben die beiden Freunde immer wieder von unvollkommenen Märkten gelesen. Jörg fragt Giuseppe: »Gibt es dann eigentlich auch einen vollkommenen Markt?« Darauf wissen beide keine Antwort. Helfen Sie den beiden und informieren Sie sich, was unter einem »vollkommenen Markt« verstanden wird und ergänzen Sie die untenstehende Tabelle. Lesen Sie dazu den Informationstext ▶D4.

Kriterium des vollkommenen Marktes	Erklärung

5   Erläutern Sie, ob es sich bei den drei Märkten (Möbelmarkt, Handwerkermarkt, Wohnungsmarkt) um vollkommene oder unvollkommene Märkte handelt.

_____

_____

_____

_____

_____

D1 Markt als Ort des Zusammentreffens von Angebot und Nachfrage

Es gibt eine Vielzahl von Märkten. Manche Märkte – wie z. B. den Wochenmarkt – kann jeder besuchen, sich das Warenangebot anschauen und prüfen und mit den Händlern darüber sprechen. Andere Märkte sind für die meisten gar nicht erreichbar (Aktienmarkt in Tokio), oder es liegen gar keine konkreten Waren aus (Arbeitsmarkt in Deutschland).

Allen Märkten gemeinsam ist, dass sich auf einem Markt Anbieter und Nachfrager von Gütern treffen, um diese zu tauschen. Dabei bildet sich ein Preis für die Güter (Gleichgewichtspreis).

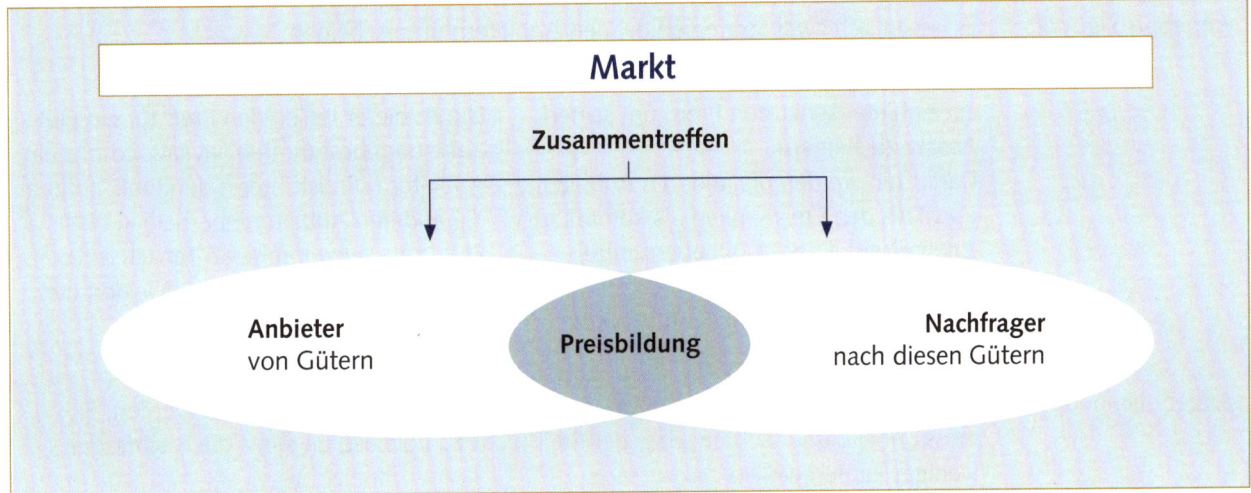

D2 Einteilung nach der Zahl der Marktteilnehmer (Marktformen)

Für das Verhalten von Anbietern und Nachfragern ist die Zahl der Marktteilnehmer von großer Bedeutung. Je größer die Zahl der Anbieter, desto stärker ist beispielsweise der zu erwartende Konkurrenzkampf. Ein Anbieter mit vielen Konkurrenten trifft andere Entscheidungen als ein alleiniger Anbieter, der die gesamte Nachfrage auf sich vereinigt.

Bei Märkten mit vielen Nachfragern werden nach der Zahl der Anbieter folgende Marktformen unterschieden:

a) Polypol: Viele Nachfrager stehen vielen Anbietern gegenüber. Die Konkurrenten sind miteinander im Wettbewerb.

b) Angebotsoligopol: Einige wenige Anbieter beherrschen den Markt.

c) Angebotsmonopol: Das gesamte Angebot auf dem Markt eines Gutes befindet sich in einer Hand.

D3 Verhalten der Marktteilnehmer

Je nach Marktform (Polypol, Angebotsoligopol, Angebotsmonopol) unterscheidet sich das Verhalten der Marktteilnehmer.

Marktform	Verhalten der Marktteilnehmer	
Polypol	Anbieter können **keinen direkten Einfluss** auf den Marktpreis nehmen, da ihr Marktanteil jeweils zu gering ist. Die Nachfrager können sich für den Anbieter des günstigsten Gutes entscheiden. Auf dem Markt herrscht ein intensiver Wettbewerb.	
Angebotsoligopol	Es lassen sich zwei Strategien bei den Anbietern unterscheiden:	
	Preiskampf: Ein Anbieter senkt den Preis, um seinen Absatz zu steigern. Daraufhin werden die anderen Anbieter ebenfalls den Preis senken. Es kommt zu einem Preiskampf (z. B. Lebensmitteldiscounter). Von diesem Preiskampf profitieren die Nachfrager, da der Preis sinkt.	**Preisführerschaft:** Die Anbieter lassen den Preis für ein Gut auf einem bestimmten Niveau. Erhöht ein Anbieter (»Preisführer«) den Preis, folgen die anderen Anbieter innerhalb kurzer Zeit (z. B. Benzinpreise an Tankstellen). Unter den steigenden Preisen leiden die Nachfrager.
Angebotsmonopol	Der Preis und die angebotene Menge können vom Anbieter festgelegt werden. Er muss dabei darauf achten, dass der Preis nicht zu hoch ist, da sonst die Nachfrager weniger kaufen wollen.	

D4 Vollkommener Markt

Man unterscheidet zwischen dem vollkommenen und dem unvollkommenen Markt.
Ein vollkommener Markt muss folgende Voraussetzungen erfüllen:

1. Alle Marktteilnehmer verfügen über die erforderlichen Informationen, um ihre Käufe bzw. Verkäufe zu tätigen. Der Markt ist damit für alle voll überschaubar, d. h. transparent. Diese Eigenschaft wird Markttransparenz genannt.

   Beispiel: An einer Aktienbörse kennen alle Anbieter und Nachfrager den aktuellen Preis (Kurs) einer Aktie.

2. Die auf dem Markt von Konkurrenten angebotenen Güter sind völlig gleichartig (homogen).

   Beispiel: Mehl vom Typ 405 ist bei jedem Anbieter gleich.

3. Einzelne Marktteilnehmer werden von anderen Marktteilnehmern nicht bevorzugt, weder in sachlicher, zeitlicher, örtlicher noch persönlicher Hinsicht (keine Präferenzen).

   Beispiel: Ein Kunde geht immer zum selben Bäcker, weil er dorthin schon seit Jahren geht.

4. Zentralisierter Markt. Angebot und Nachfrage müssen an einem Ort zu einem bestimmten Zeitpunkt aufeinandertreffen.

   Beispiel: Der Obst- und Gemüsemarkt in einer Stadt findet an einem Ort zur immer gleichen Zeit statt.

Wenn mindestens eine der Voraussetzungen des vollkommenen Marktes nicht erfüllt ist, wird von einem unvollkommenen Markt gesprochen.

III Lernsituation 2

Gesamtangebot, Gesamtnachfrage, Gleichgewichtspreis bei einem Polypol

Die Möbelschreinerei Klaus & Sohn GmbH in Radolfzell kauft das für die Herstellung von Küchenmöbeln benötigte Holz bei regionalen Anbietern. Einer der Holzhändler erzählt Jörg (Auszubildender als Tischler), dass Holz auch auf Holzbörsen gehandelt wird. Er bietet an, Jörg einmal zu einem Holzmakler mitzunehmen. Dieses Angebot nimmt Jörg gerne an. Wenige Tage später besuchen der Holzhändler und Jörg den Makler.

An der Holzbörse liegen dem Makler für Schnittholzstämme (Fichte, Durchmesser 40 cm, Länge 300 cm, Qualität A) folgende Kaufaufträge vor:

Händler (Käufer)	gewünschte Kaufmenge (Nachfrage)	höchstens bereit zu bezahlen
A	125 fm	110,00 €/fm
B	100 fm	130,00 €/fm
C	125 fm	145,00 €/fm
D	125 fm	165,00 €/fm
E	50 fm	185,00 €/fm
Anmerkung: 1 Festmeter (fm) Holz entspricht 1 Kubikmeter (m³) massivem Holz		

Von den Anbietern liegen dem Makler folgende Verkaufsaufträge vor:

Händler (Verkäufer)	mögliche Verkaufsmenge (Angebot)	folgender Verkaufspreis sollte mindestens erzielt werden
F	100 fm	185,00 €/fm
G	175 fm	165,00 €/fm
H	100 fm	145,00 €/fm
I	125 fm	130,00 €/fm
J	75 fm	110,00 €/fm

AUFTRÄGE

1 Jörg schaut sich die Tabelle mit den Kaufaufträgen genauer an und fragt sich,

- welche Händler Holz bei einem Preis von 165,00 €/fm kaufen.
- wie groß die nachgefragte Menge bei diesem Preis ist.

Unterstützen Sie Jörg bei der Beantwortung seiner Fragen.

2 Jörg möchte sich einen besseren Überblick über die **Gesamtnachfrage** bei unterschiedlichen Preisen verschaffen. Unterstützen Sie ihn und ergänzen Sie die folgende Tabelle:

Preis in €/fm	Nachfrage in fm von Händler					Gesamtnachfrage
	A	B	C	D	E	
110,00						
130,00						
145,00						
165,00						
185,00						

3 Erläutern Sie den Zusammenhang zwischen Preis und Gesamtnachfrage.

Je höher der Preis,

_____

Je niedriger der Preis,

_____

4 Wie groß ist die angebotene Menge bei einem Preis von 145,00 €/fm?

_____

_____

5 Jörg möchte sich auch einen besseren Überblick über das **Gesamtangebot** bei unterschiedlichen Preisen verschaffen. Unterstützen Sie ihn und ergänzen Sie die folgende Tabelle:

Preis in €/fm	Angebot in fm von Händlern					Gesamtangebot
	F	G	H	I	J	
110,00						
130,00						
145,00						
165,00						
185,00						

6 Erläutern Sie den Zusammenhang zwischen Preis und Gesamtangebot.

Je höher der Preis,

_____

Je niedriger der Preis,

_____

7 Jörg erfährt vom Makler, dass dieser für seine Tätigkeit eine Provision erhält. Diese bemisst sich nach dem Absatz. Der Makler legt deshalb den Preis fest, der den **Absatz maximiert**, d. h., bei dem am meisten verkauft wird. Dieser Preis wird **Gleichgewichtspreis** genannt, weil dort das Angebot und die Nachfrage gleich groß sind.

Jörg möchte jetzt wissen, welchen Preis der Makler festlegen wird.

- Ermitteln Sie für Jörg diesen **Gleichgewichtspreis**. Ergänzen Sie hierfür zunächst in der Tabelle die Gesamtnachfrage und das Gesamtangebot für den jeweiligen Preis.
- Ermitteln Sie anschließend den Absatz für den jeweiligen Preis und kennzeichnen sie den höchsten Absatz.

Preis in €/fm	Gesamtnachfrage in fm	Gesamtangebot in fm	Absatz in fm
110,00			
130,00			
145,00			
165,00			
185,00			

8 Zeichnen Sie die Gesamtnachfrage- und die Gesamtangebotskurve in das Diagramm ein, indem Sie die Werte aus der obigen Tabelle in das Diagramm übertragen.

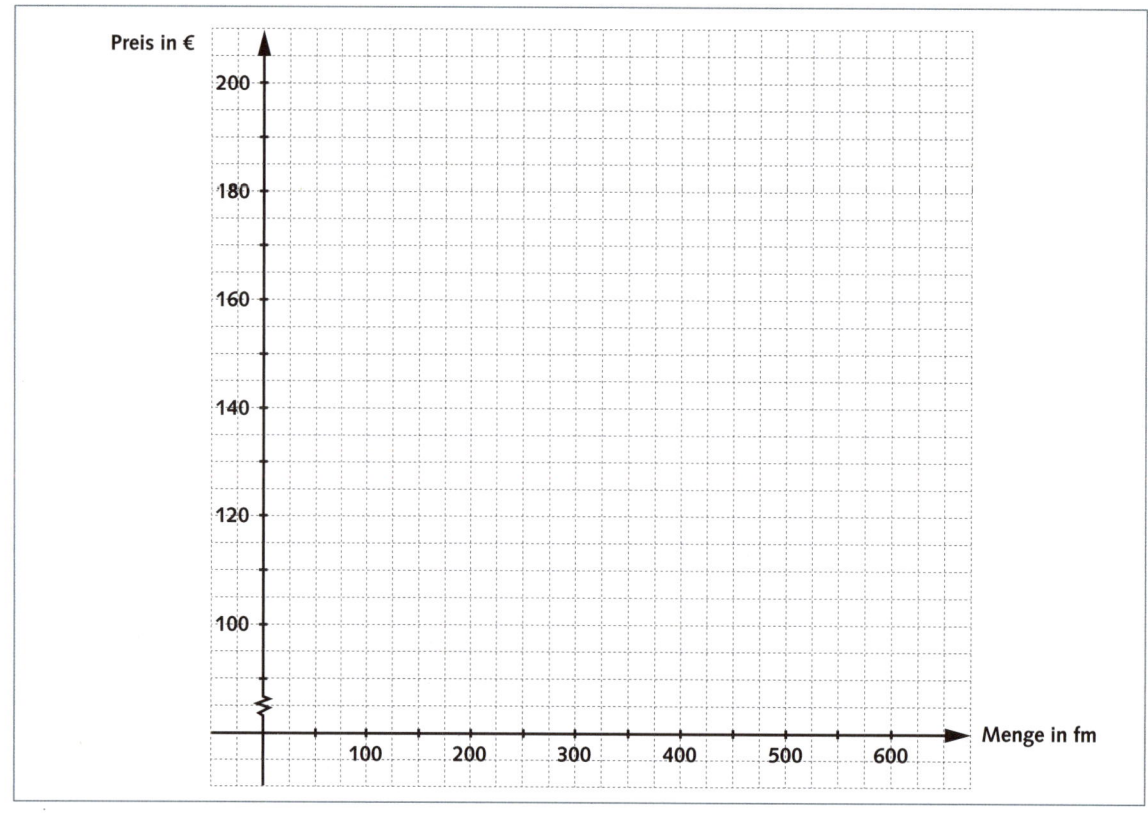

9 Jörg liest in der Zeitung von schweren Sturmschäden in den Wäldern (viele Holzstämme sind gebrochen). Dadurch sind die Holzanbieter nicht mehr in der Lage, das Fichtenholz in der Qualität wie bisher anzubieten. Dem Makler liegen nun Verkaufsaufträge vor, die zu folgendem Gesamtangebot führen.

Preis in €/fm	110,00	130,00	145,00	165,00	185,00
Gesamtangebot in fm	0	150	250	425	525

Jörg möchte wissen, wie sich der Gleichgewichtspreis durch die Sturmschäden verändert. Zeichnen Sie die neue Gesamtangebotskurve in das Diagramm (Auftrag 8) ein, indem Sie die Werte aus der obigen Tabelle in das Diagramm übertragen. Ermitteln Sie anschließend den Gleichgewichtspreis.

10 Bei den auf der letzten Möbelmesse ausgestellten Möbeln geht der Trend zu Türen aus Glas und Arbeitsflächen aus Stein. Dadurch sinkt die Nachfrage nach Fichtenholz.

Erklären Sie, wie sich der Gleichgewichtspreis ändert, wenn die Gesamtnachfrage nach Fichtenholz sinkt.

III Lernsituation 3

Nachteile der freien Marktpreisbildung und Einflussmöglichkeiten des Staates auf die Marktpreisbildung

Lars Weber und Klaus Zähringer sind Auszubildende zum Kfz-Mechatroniker im 3. Ausbildungsjahr. Das Ende der Ausbildung ist absehbar. Beide haben sich schon wiederholt über die Zeit nach der Ausbildung unterhalten.

Lars: Ich habe mir fest vorgenommen, endlich von zu Hause auszuziehen. Wie das gehen soll, weiß ich allerdings nicht. Schau dir dieses Wohnungsangebot an. Da wird immer vom freien Wohnungsmarkt gesprochen.

Klaus: Für viele heißt das, dass sie sich kaum eine Wohnung leisten können. Es scheint, dass der Wohnungsmarkt für viele Menschen Nachteile bringt. Der Staat müsste hier eingreifen. Er muss doch Möglichkeiten haben, dass auch die Bezieher kleinerer Einkommen sich eine gute Wohnung leisten können.

Lars: Was hat er denn für Möglichkeiten? Soll er die Mieten selbst festsetzen? Soll er Einfluss nehmen, damit der Geringverdiener mehr Geld zur Verfügung hat?

Klaus: Der Staat greift doch in anderen Bereichen auch ein. Vor kurzem habe ich einen Artikel in der Hand gehabt, in dem es darum ging, dass der Staat die Käufer von Elektroautos durch den Umweltbonus fördert. Ich habe das Gefühl, dass die Preisbildung nur nach Angebot und Nachfrage viel mehr Nachteile schafft als wir immer wieder hören und lesen.

1 Was meint Klaus, wenn »die Preisbildung nur nach Angebot und Nachfrage viel mehr Nachteile schafft als wir immer wieder hören und lesen«? Erstellen Sie für ihn eine kleine Tabelle, in der Sie diese Nachteile erklären und deren Auswirkungen beschreiben. Verwenden Sie dazu die Informationen aus ▶D1.

Nachteile der freien Marktpreisbildung	Merkmal	Betroffene und Auswirkungen

2 Um die Nachteile der Marktpreisbildung zu korrigieren, hat der Staat Möglichkeiten, auf die Preisbildung einzuwirken. Stellen Sie für Lars und Klaus die staatlichen Möglichkeiten in einer Übersicht dar. Nennen Sie auch Beispiele. Verwenden Sie dazu die Informationstexte ▶D2 und ▶D3.

Staatliche Eingriffe in den Markt

• _____   • _____
_____   _____
_____   _____

Beispiele   **Beispiele**

_____   _____

_____   _____

_____   _____

3 1 Erklären Sie Lars anhand der Grafik, wie der Staat Einfluss auf die Preisbildung haben kann, wenn der Staat Wohngeld bezahlt. Verwenden Sie dazu auch die Informationen aus ▸**D2** und ▸**D3**.

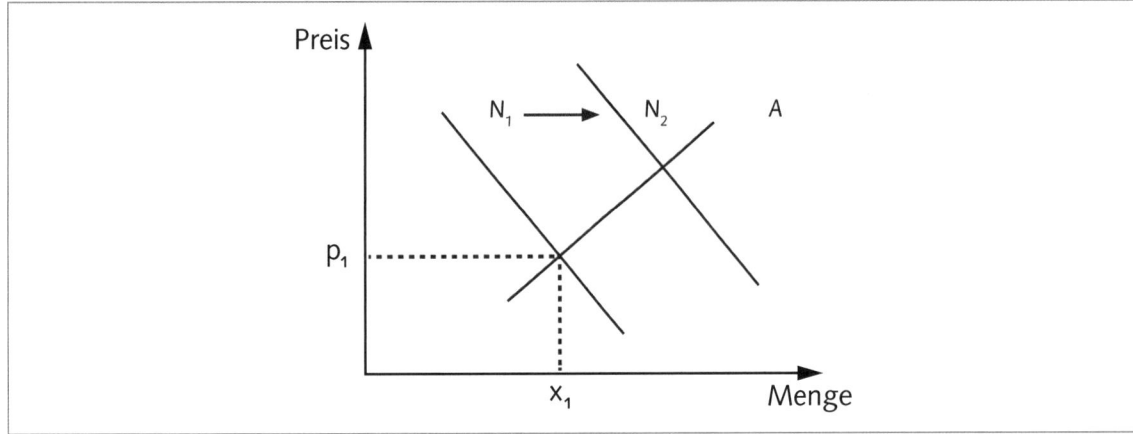

Wirkung:

_____

_____

_____

_____

_____

3 2 Nennen Sie weitere Beispiele, wie der Staat Einfluss darauf nehmen kann, dass die Nachfrage steigen kann.

_____

_____

3 3 Stellen Sie dar, welche Auswirkungen es hat, wenn der Staat die Wohnungsbauunternehmen unterstützt, indem er günstige Kredite für den Wohnungsbau zur Verfügung stellt. Verwenden Sie dazu auch die Informationen aus ▸**D2** und ▸**D3**.

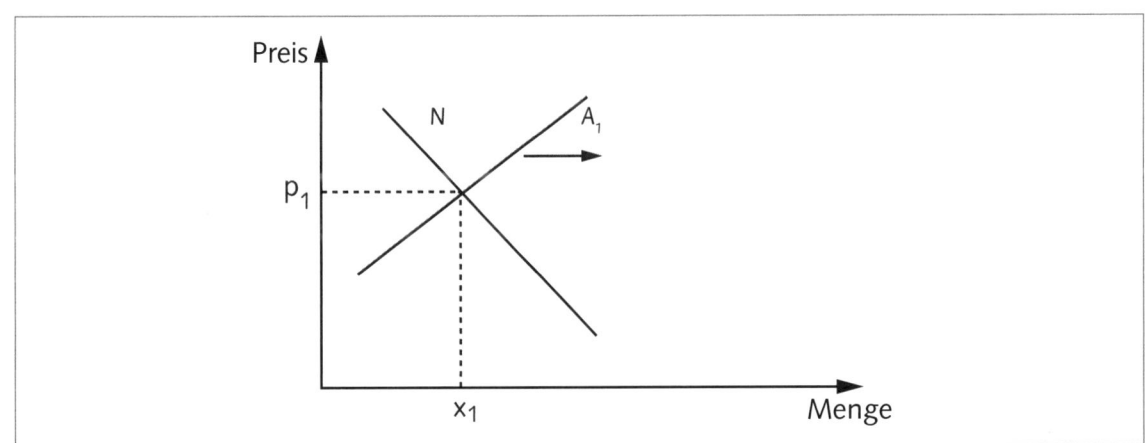

► **Wirkung:**

_____

_____

_____

_____

_____

3 4 Nennen Sie weitere Beispiele, wie der Staat Einfluss auf die Preisbildung der Anbieter haben kann.

_____

_____

4 Lars überlegt, ob die Maßnahmen aus den Aufträgen 3.1 und 3.3 auch in die entgegengesetzte Richtung wirken können.

4 1 Als Gelegenheitsraucher prüft er, wie der Staat es erreichen kann, dass sein Konsum von Zigaretten gesenkt werden kann. Helfen Sie ihm bei der Darstellung, wie der Staat durch Maßnahmen diese Nachfrage verringern kann.

Preis ↑

Menge →

Wirkung:

_____

_____

_____

_____

_____

4 2 Nennen Sie weitere Beispiele, wie der Staat Einfluss darauf nehmen kann, dass die Nachfrage sinken wird.

_____

_____

4 3 Stellen Sie nun dar, wie die Wirkung aussieht, wenn der Staat das Angebot der Unternehmen senken will. Lars versucht, dies mithilfe der andauernden Diskussion zur Beendigung der Kohleindustrie in Deutschland darzustellen. Er ist aufgrund der bisherigen Überlegungen davon überzeugt, dass die staatliche Einflussnahme auf die Strompreise Auswirkungen auf das Angebot an Kohlestrom haben kann. Stellen Sie mit ihm diesen Sachverhalt dar.

Wirkung:

_____

_____

_____

4 4 Nennen Sie weitere Beispiele, wie der Staat Einfluss darauf nehmen kann, dass das Angebot sinken wird.

_____

_____

_____

5 Für Lars und Klaus ist nun klar geworden, dass es für den Staat Möglichkeiten gibt, auf die Wohnungspreise und andere Preise Einfluss zu nehmen.

Lars: Das mit dem Wohngeld klingt ja gut. Das wird zwar mein Einkommen erhöhen, aber die Mieten steigen ja unheimlich schnell. So oft wird der Staat da nicht nachlegen und das Wohngeld ebenfalls erhöhen.

Klaus: Ich frage mich, warum er nicht eine viel härtere Gangart anschlägt. Vor Jahren hatten wir doch die Diskussion zum Mindestlohn und wie schlecht der für die Wirtschaft ist. Und auch die Diskussion in diesem Jahr zur gesetzlichen Erhöhung des Mindestlohnes ist ziemlich schnell beendet worden.

Lars: So etwas Ähnliches müsste es doch auch auf dem Wohnungsmarkt geben. Lass uns mal prüfen.

5 1 Stellen Sie für Lars und Klaus dar, welche Auswirkungen es hat, wenn der Staat am Wohnungsmarkt einen Preis vorgibt. Verwenden Sie dazu die Informationen aus ▶**D4**.

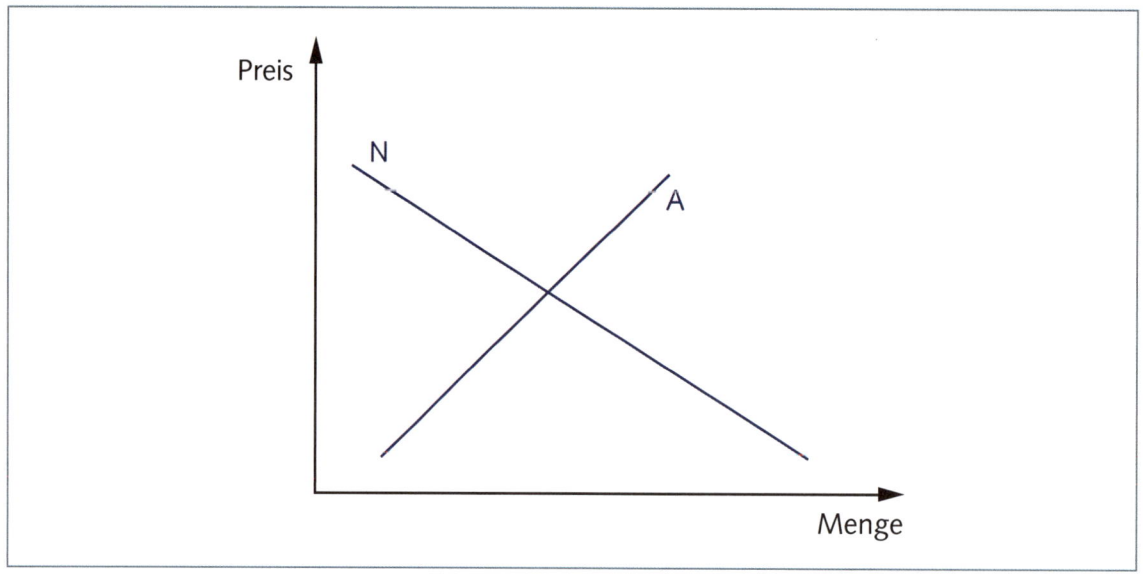

Wirkung:

_____

_____

_____

_____

_____

_____

5 2 Stellen Sie in der Grafik zu 5.1 nun auch die staatliche Maßnahme des Mindestpreises dar und erklären Sie die Auswirkungen. Verwenden Sie dazu die Informationen aus ▶**D4**.

Wirkung:

_____

_____

_____

_____

_____

_____

_____

5 3 Welche Auswirkungen hat es, wenn der Staat einen Festpreis festsetzt?

_____

_____

_____

_____

6 Betrachten Sie nun noch einmal die Ausgangssituation. Mit welchen Mitteln könnte der Staat auf die Preisbildung am Wohnungsmarkt eingreifen? Stellen Sie die Möglichkeiten dar und erklären Sie auch, welche Auswirkungen dies jeweils auf die Nachfrage- und/oder Angebotsseite haben kann.

Staatlicher Eingriff	Staatliche Maßnahme	Auswirkung
marktkonträrer Staatseingriff		
marktkonforme Staatseingriffe		

D1 Informationstext »Marktversagen«

Auf dem Markt treffen Angebot und Nachfrage aufeinander. Die Güter wechseln vom Anbieter zum Nachfrager, indem gehandelt wird. Dabei ist für beide Seiten das Ziel, den bestmöglichen Preis zu erzielen (Anbieter) bzw. den geringstmöglichen Preis zu bezahlen (Nachfrager). So wird der Gebrauchtwagenhändler versuchen, den acht Jahre alten Wagen anzupreisen und einen möglichst hohen Preis zu erzielen. Der Kunde wird das Fahrzeug „schlecht" reden, um so wenig wie möglich zu bezahlen. Dies ist grundsätzlich gut, weil jeder Marktteilnehmer frei ist, zu verkaufen oder zu kaufen.

Der Markt funktioniert nicht immer nach diesem Mechanismus. Anbieter und Nachfrager versuchen, den Wettbewerb auszuschalten. Gibt es nur wenige Anbieter (Oligopol), besteht die Gefahr, dass die angebotenen Preise und Mengen der Güter abgesprochen sind. Der Nachfrager zahlt dann einen von den Anbietern festgelegten Preis, der über dem eigentlichen Wert des Gutes liegt.

Wenn ein Produkt nur von einem einzigen Anbieter angeboten wird, besteht die Gefahr, dass dieser seine Marktmacht nutzen kann und einen überhöhten Preis verlangen wird. Es entsteht ein Monopol.

Nicht immer haben alle Marktteilnehmer die gleichen Informationen. Das kann dazu führen, dass einer der beiden einen Vorteil hat und einen höheren Preis erzielen kann. So weiß der Gebrauchtwagenhändler eventuell von gewissen Nachteilen, die das angebotene Gebrauchtfahrzeug hat. Er wird sie verschweigen, wenn er sie nicht mitteilen muss. Der Kunde hat somit das Risiko, dass er ein Fahrzeug erhält, das er deutlich überteuert bezahlt.

D2 Informationstext »Politische Preisbildung«

Politische Preisbildung ist der korrigierende Eingriff des Staates in die Preisbildung am Markt.

Indirekte Maßnahmen des Staates zielen darauf ab, Angebot und Nachfrage zu beeinflussen, ohne die Preisbildung am Markt zu beeinträchtigen. Sie werden als marktkonforme Maßnahmen bezeichnet. Indirekte Maßnahmen der staatlichen Preisbeeinflussung sind z. B. die Erhebung von Einfuhrzöllen (sie sichern inländischen Herstellern einen höheren Preis), die Zahlung von Subventionen an bestimmte Wirtschaftszweige (z. B. Steinkohlenbergbau) oder die Exportförderung (z. B. Zahlung von Exportprämien oder Gewährung von Steuervergünstigungen für Unternehmen).

Direkte Eingriffe des Staates in die Preisbildung können z. B. durch die Festlegung von Höchstpreisen, von Mindestpreisen oder Festpreisen erfolgen. Solche direkten Eingriffe des Staates in die Preisbildung werden auch als marktkonträre Maßnahmen bezeichnet.

Quelle: Bundeszentrale für politische Bildung;
http://www.bpb.de/nachschlagen/lexika/lexikon-der-wirtschaft/20296/politische-preisbildung (gekürzt und leicht geändert)

D3 Informationstext »Marktkonforme Eingriffe«

Innerhalb der marktkonformen Maßnahmen hat der Staat zahlreiche Möglichkeiten, um die Preise zu beeinflussen:

Der Staat kann entweder seine eigene Nachfrage erhöhen oder Maßnahmen ergreifen, damit die Nachfrager ein höheres Einkommen zur Verfügung haben und damit ihre Nachfrage erhöhen. Dadurch kommt es zu einer Verschiebung der Nachfragekurve nach rechts. Die nachgefragte Menge nimmt zu, der Gleichgewichtspreis steigt.

Der Staat kann entweder seine eigene Nachfrage senken oder Maßnahmen ergreifen, damit die Nachfrager ein geringeres Einkommen zur Verfügung haben und damit ihre Nachfrage senken. Dadurch kommt es zu einer Verschiebung der Nachfragekurve nach links. Die nachgefragte Menge nimmt ab, der Gleichgewichtspreis sinkt.

Der Staat kann entweder sein eigenes Angebot erhöhen oder Maßnahmen ergreifen, damit die Anbieter bereit sind, ihr Angebot zu erhöhen. Dadurch kommt es zu einer Verschiebung der Angebotskurve nach rechts. Die angebotene Menge nimmt zu, der Gleichgewichtspreis sinkt.

Der Staat kann entweder sein eigenes Angebot senken oder Maßnahmen ergreifen, damit die Anbieter bereit sind, ihr Angebot zu senken. Dadurch kommt es zu einer Verschiebung der Angebotskurve nach links. Die angebotene Menge nimmt ab, der Gleichgewichtspreis steigt.

Konkrete Maßnahmen des Staates können dabei sein:

Erhebung oder Senkung von Zöllen, Erhebung oder Senkung von Steuern (z. B. Mineralölsteuer) und sonstigen Abgaben, Zahlung von Subventionen an Unternehmen (verbilligte Kredite, Zahlungen bei der Einrichtung von Umweltschutzmaßnahmen) und Transferzahlungen an Haushalte (BaFöG, Wohngeld).

D4 Informationstext »Marktkonträre Eingriffe«

Mindestpreis

Der Mindestpreis liegt über dem Gleichgewichtspreis; zum Mindestpreis besteht ein Angebotsüberschuss. Es ist ein staatlich festgesetzter Preis, der oberhalb des am Markt gebildeten Gleichgewichtspreises für ein Gut liegt. Mindestpreise sollen die Hersteller in bestimmten Wirtschaftsbereichen wie der Landwirtschaft oder dem Bergbau vor starken Preissenkungen und ruinösem Wettbewerb schützen. Mindestpreise führen zu einem Angebotsüberhang (Angebot an Gütern ist größer als die Nachfrage), da die Unternehmen die Produktion solcher Güter ausweiten oder zumindest nicht verringern. Als Folge des Angebotsüberhangs entstehen möglicherweise graue Märkte, auf denen die betreffenden Güter zu geringeren als den festgesetzten Mindestpreisen verkauft werden. Der Staat muss deshalb neben der Festlegung von Mindestpreisen weitere Maßnahmen ergreifen, die entweder die Nachfrage erhöhen (z. B. Abnahmezwang) oder das Angebot verringern (z. B. Produktionsobergrenzen).

In der Praxis werden zur Sicherung von Mindestpreisen für landwirtschaftliche Erzeugnisse z. B. Schlachtprämien für Vieh gezahlt, Höchstabnahmemengen für Milch festgelegt, oder Getreideanbauflächen durch Zahlung von Stilllegungsprämien begrenzt. Bestimmte Produkte wurden vom Staat bzw. der Europäischen Union auf Vorrat zu Mindestpreisen gekauft und eingelagert (z. B. Butterberg, Fleischberg). Diese Vorräte wurden von Zeit zu Zeit durch bestimmte Maßnahmen wieder abgebaut, dazu gehörten auch der Verkauf landwirtschaftlicher Produkte zu Niedrigstpreisen ins Ausland, die Verarbeitung von Getreide zu Viehfutter oder sogar die Vernichtung von landwirtschaftlichen Erzeugnissen.

Quelle: http://www.bpb.de/nachschlagen/lexika/lexikon-der-wirtschaft/20118/mindestpreis (redaktionell geändert)

Höchstpreis

Der Höchstpreis liegt unter dem Gleichgewichtspreis; zum Höchstpreis besteht ein Nachfrageüberschuss. Es ist eine staatlich festgesetzte Preisobergrenze, die unterhalb des am Markt gebildeten Gleichgewichtspreises für ein Gut liegt. Höchstpreise sollen die Verbraucher vor übermäßig hohen Preisen schützen und werden vor allem in Zeiten des wirtschaftlichen Mangels (z. B. nach Naturkatastrophen, inneren Unruhen, in Kriegs- oder Nachkriegszeiten) festgesetzt, um die Versorgung der Bevölkerung mit lebensnotwendigen Gütern zu gewährleisten.

Staatlich verordnete Höchstpreise führen zu einem Nachfrageüberhang (die Nachfrage nach diesen Gütern ist größer als das Angebot), da manche Unternehmen wegen sinkender Gewinne die Produktion verringern oder ganz einstellen. Als Folge der hohen Nachfrage bilden sich häufig Schwarzmärkte, auf denen die Güter zu Preisen gehandelt werden, die über dem Höchstpreis liegen. Der Staat muss deshalb weitere Maßnahmen ergreifen, z. B. die zwangsweise Ausweitung des Angebots etwa durch die Verpflichtung der Unternehmen zur Produktion oder die Rationierung lebensnotwendiger Güter etwa durch die Ausgabe von Bezugsscheinen oder Lebensmittelmarken.

Quelle: http://www.bpb.de/nachschlagen/lexika/lexikon-der-wirtschaft/19645/hoechstpreis (redaktionell geändert)

Festpreis

Ein durch staatliche Regelung (Gesetz, Verordnung usw.) oder vertragliche Festlegung in einer bestimmten Höhe (Mindestpreis, Höchstpreis) fixierter Preis.

Quelle.http://www.wirtschaftslexikon24.com/d/festpreis/festpreis.htm

III Lernsituation 4

Wesen der Sozialen Marktwirtschaft und Wirkung der Instrumente der Sozialen Marktwirtschaft
(Sozialpolitik, Einkommenspolitik, Wettbewerbspolitik, Umweltpolitik)

Lars Weber und Klaus Zähringer wissen nun über den Wohnungsmarkt, dass der Staat in unserer Gesellschaft Einfluss auf die Preise nehmen kann. Sie haben auch schon davon gehört, dass es andere Bereiche gibt, in denen der Staat Einfluss nehmen kann.

Lars: Irgendwie verstehe ich da etwas nicht. Es heißt immer, wir haben eine Marktwirtschaft. Mein Kumpel Adrian will sich mit 'ner Bierbar selbstständig machen und stöhnt, welche Einschränkungen und Auflagen es von den Behörden gibt. Dabei sollte sich doch jeder frei entfalten können und der Markt wird das dann schon regeln, ob er erfolgreich ist oder nicht. Wie siehst du das?

Klaus: Na ja, wir haben ja eine Soziale Marktwirtschaft und vielleicht ist es ja auch ganz sinnvoll, dass nicht jeder machen kann, was er so will. Aber was dieser Begriff Soziale Marktwirtschaft genau bedeutet: Keine Ahnung.

Lars: Lass uns einmal darüber etwas schlauer machen. Außerdem: Ich glaube, dieses Thema wird demnächst im Unterricht erarbeitet. Da können wir uns vielleicht darauf vorbereiten.

AUFTRÄGE ≡

1 Lars und Klaus haben Informationsmaterial zur Sozialen Marktwirtschaft gefunden. Erklären Sie mithilfe der Grafik in ▶D1 und des Informationstextes in ▶D2, was man unter Sozialer Marktwirtschaft versteht.

_____

_____

_____

2 1 Stellen Sie dar, welche »Freiheiten« unter dem »Prinzip der Freiheit« zu verstehen sind. Verwenden Sie dazu den Informationstext ▶D3.

Wirtschaftliche Freiheit	Erklärung

2 2 Nach der Bearbeitung des Auftrages 1 wissen Lars und Klaus nun, dass der Staat sehr wohl in das Prinzip der Freiheit eingreifen kann.
Welche Einschränkungen macht der Staat dem Kumpel Adrian, der sich mit einer Bierbar selbstständig machen will (vgl. Ausgangssituation)? Ergänzen Sie dazu die folgende Tabelle. Verwenden Sie den Informationstext ▸D4.

Wirtschaftliche Freiheit	Einschränkung	Begründung
Gewerbefreiheit		
Vertragsfreiheit		

2 3 Der Informationstext ▸D3 nennt auch Beispiele, dass die Marktfreiheit nicht immer funktioniert. Nennen Sie diese. Ergänzen Sie anschließend durch eigene Beispiele.

2 4 Erklären Sie anhand des Informationstextes ▸D3 die Aufgaben des Staates in der Sozialen Marktwirtschaft.

3 Im Unterricht des Faches Gesamtwirtschaft wird nun das Thema »Instrumente der Sozialen Marktwirtschaft« bearbeitet. Als Aufgabenstellung soll ein Überblick gegeben werden über die Möglichkeiten des Staates, um den sozialen Ausgleich zu schaffen (vgl. die Aufträge A 1 und A 2.3).

3 1 Erschließen Sie den Informationstext ▸D5. Klären Sie anschließend mit einem Mitschüler/einer Mitschülerin eventuell noch ungeklärte Begriffe und vergleichen Sie Ihre Ergebnisse (▸M14, Seite 104).

3 2 Erstellen Sie für die Klasse eine Grafik (▸M15, Seite 105), die die Ergebnisse des Informationstextes zusammenfasst.

Maßnahmen

_____

_____

_____

_____

_____

Ziel:

_____

_____

_____

Maßnahmen

_____

_____

_____

_____

_____

Ziel:

_____

_____

_____

Instrumente der sozialen Marktwirtschaft

Maßnahmen

_____

_____

_____

_____

_____

Ziel:

_____

_____

Maßnahmen

_____

_____

_____

_____

_____

Ziel:

_____

_____

DATENKRANZ ☰

D1 Soziale Marktwirtschaft in Bildern

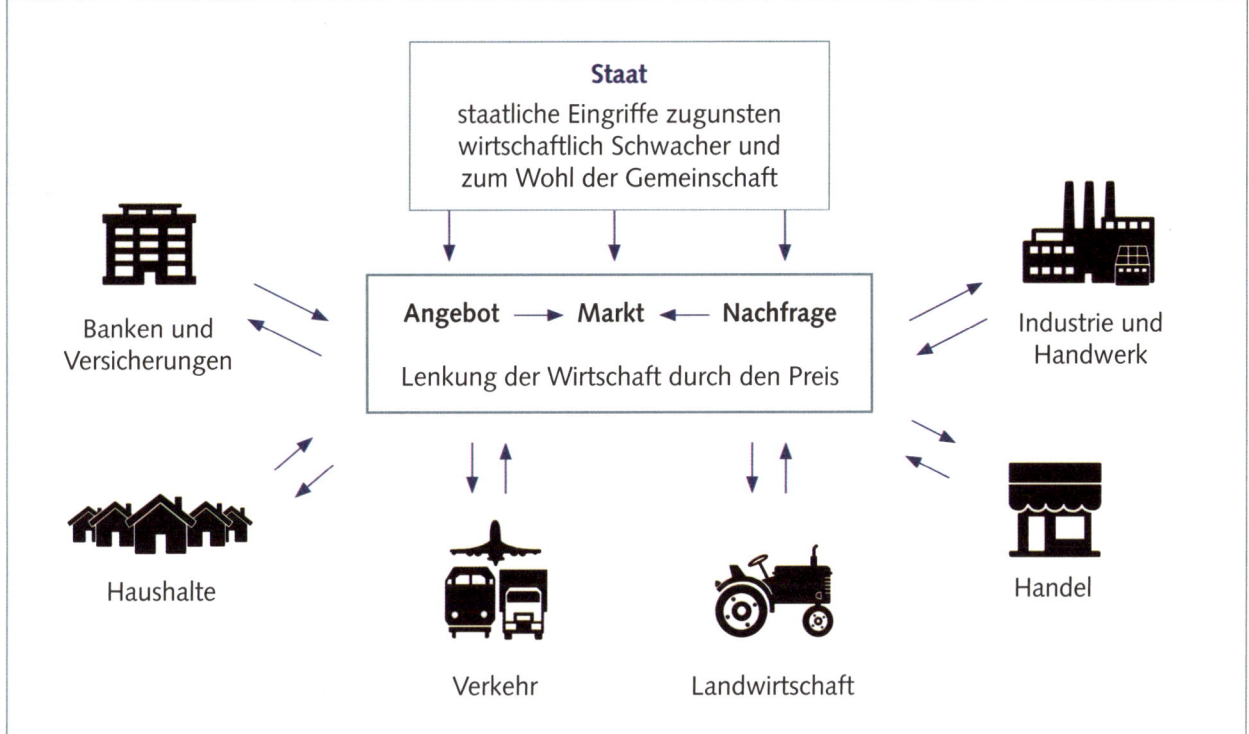

D2 Die Grundformel der Sozialen Marktwirtschaft

(Alfred Müller-Armack, deutscher Nationalökonom, Mitbegründer der Sozialen Marktwirtschaft)

»Der Begriff der sozialen Marktwirtschaft kann so als eine ordnungspolitische Idee definiert werden, deren Ziel es ist, auf der Basis der Wettbewerbswirtschaft die freie Initiative mit einem gerade durch die marktwirtschaftliche Leistung gesicherten sozialen Fortschritt zu verbinden. Sinn der sozialen Marktwirtschaft ist es, das Prinzip der Freiheit auf dem Markt mit dem des sozialen Ausgleichs zu verbinden«.

D3 Das Leitbild der Sozialen Marktwirtschaft

Das Leitbild der Sozialen Marktwirtschaft entstand gegen Ende des Zweiten Weltkriegs [...]. Geistige Väter des Konzepts waren Walter Eucken (1891–1950), Professor für Volkswirtschaftslehre, und Alfred Müller-Armack (1901–1978), späterer Abteilungsleiter im Bundesministerium für Wirtschaft. Diese Wirtschaftsordnung wurde in der Bundesrepublik Deutschland insbesondere durch den Bundeswirtschaftsminister und späteren Bundeskanzler Ludwig Erhard (1897–1977) politisch durchgesetzt. In ihr kommt dem Staat die Aufgabe zu, die sozial unerwünschten Auswirkungen der Marktwirtschaft zu verhindern oder wenigstens abzumildern. »Sozial« steht für soziale Gerechtigkeit und Sicherheit, »Marktwirtschaft« steht für wirtschaftliche Freiheit.

Wirtschaftliche Freiheit bedeutet, dass Verbraucher frei entscheiden können, welche Güter sie kaufen (Konsumfreiheit). Der Eigentümer an Produktionsmitteln kann frei wählen, ob er seine Arbeitskraft, Sachgüter oder unternehmerischen Fähigkeiten zur Verfügung stellt (Gewerbefreiheit, Berufsfreiheit und Freiheit der Eigentumsnutzung). Unternehmer haben die Freiheit, Güter nach ihrer Wahl zu produzieren und abzusetzen. Um dies zu erreichen gilt für Konsumenten und Produzenten die Freiheit, mit anderen Verträge abzuschließen und über die Inhalte frei zu entscheiden. Käufer und Verkäufer von Gütern oder Dienstleistungen besitzen die Freiheit, sich neben anderen um das gleiche Ziel zu bemühen (Wettbewerbsfreiheit). Nur mittels eines funktionsfähigen Wettbewerbs werden über Angebot und Nachfrage die Wirtschaftspläne so aufeinander abgestimmt, dass die Wirtschaft quasi wie von selbst ihren bestmöglichen Zustand erreicht. Zu diesem Zweck setzte Erhard das Gesetz gegen Wettbewerbsbeschränkungen (1957) durch.

Die Marktfreiheit soll durch den Staat dort beschränkt werden, wo sie die soziale Gerechtigkeit und die soziale Sicherheit gefährdet. Der Wirtschaftspolitik kommt z. B. die Aufgabe zu, die negativen Folgen von Konjunkturschwankungen (Arbeitslosigkeit, Inflation) zu dämpfen. Die Einkommens- und Vermögensverteilung soll vor allem im Interesse der nicht am Wirtschaftsprozess beteiligten Gruppen staatlich korrigiert werden; es findet eine Umverteilung (Distribution) statt. [...] Der Staat übernimmt Aufgaben, die über den Markt nicht oder nur sehr eingeschränkt angeboten werden können (Marktversagen), wie etwa struktur- und bildungspolitische Aufgaben. [...] .Die Soziale Marktwirtschaft hält grundsätzlich am Ideengut des Individualprinzips fest. Die Handlungsfreiheit des Einzelnen sollte allerdings dort aufhören, wo fundamentale Rechte und Lebensinteressen anderer eingeschränkt werden. Das Grundziel dieser Wirtschaftsordnung heißt entsprechend: »So viel Freiheit wie möglich, so viel staatlicher Zwang wie notwendig.« Die Aufgabe der Sozialen Marktwirtschaft ist es, auf Grundlage der Marktwirtschaft das Prinzip der Freiheit mit dem des sozialen Ausgleichs und der sozialen Gerechtigkeit zu verknüpfen.

Quelle: Bundeszentrale für politische Bildung, Wirtschaft heute, 4. Aufl., Bonn 2003, S. 30 (leicht ergänzt)

D4 Gaststättenerlaubnis beantragen

Für den Betrieb eines Gaststättengewerbes benötigen Sie in bestimmten Fällen eine Erlaubnis.

Ein Gaststättengewerbe betreibt, wer im stehenden Gewerbe

- Getränke zum Verzehr an Ort und Stelle verabreicht (Schankwirtschaft) oder
- zubereitete Speisen zum Verzehr an Ort und Stelle verabreicht (Speisewirtschaft),

wenn der Betrieb jedermann oder bestimmten Personenkreisen zugänglich ist.

Keine Erlaubnis benötigen Sie jedoch, wenn Sie lediglich

- alkoholfreie Getränke, [...] verabreichen.

[...]

Voraussetzungen für die Erteilung der Erlaubnis sind:

- Es liegen keine Tatsachen vor, die darauf schließen lassen, dass Sie die für den Gewerbebetrieb erforderliche Zuverlässigkeit nicht besitzen, zum Beispiel
  - dass Sie alkoholabhängig sind oder
  - befürchten lassen, dass Sie unerfahrene, leichtsinnige oder willensschwache Personen ausbeuten werden oder
  - dem Alkoholmissbrauch, dem verbotenen Glücksspiel, der Hehlerei oder der Unsittlichkeit Vorschub leisten werden oder
  - die Vorschriften des Gesundheits- oder Lebensmittelrechts, des Arbeits- oder Jugendschutzes nicht einhalten werden.

- Die Räume zum Betrieb des Gewerbes oder zum Aufenthalt der Beschäftigten müssen nach Lage, Beschaffenheit, Ausstattung oder Einteilung für den Betrieb geeignet sein. Vor allem müssen sie den notwendigen Anforderungen zum Schutz der Gäste und der Beschäftigten gegen Gefahren für Leben, Gesundheit oder Sittlichkeit oder den sonst zur Aufrechterhaltung der öffentlichen Sicherheit oder Ordnung notwendigen Anforderungen genügen.

[...]

- Der Gewerbebetrieb widerspricht im Hinblick auf seine örtliche Lage oder auf die Verwendung der Räume nicht dem öffentlichen Interesse. Vor allem dürfen keine schädlichen Umwelteinwirkungen im Sinne des Bundes-Immissionsschutzgesetzes oder sonst erhebliche Nachteile, Gefahren oder Belästigungen für die Allgemeinheit zu befürchten sein.

- Nachweis durch eine Bescheinigung der für Sie zuständigen Industrie- und Handelskammer, dass Sie oder Ihre Stellvertretung über die Grundzüge der für den Betrieb notwendigen lebensmittelrechtlichen Kenntnisse unterrichtet wurden und mit ihnen als vertraut gelten können.

Quelle: Serviceportal des Landes Baden-Württemberg. https://www.service-bw.de/leistung/-/sbw/Gaststaettenerlaubnis+beantragen-526-leistung-0

D5 Instrumente der Sozialen Marktwirtschaft

Umweltpolitik

Umweltpolitik zielt darauf ab, dass durch die Maßnahmen die Umwelt auch für die Nachwelt lebenswert bleibt.

Werden Umweltziele verfolgt, muss man überlegen, welche Mittel man dafür einsetzen kann. Ein einfacher Weg sind Verbote, die der Staat erlässt. Etwas »gemäßigter« handelt der Staat, wenn er Auflagen erlässt. Er kann Emissionsgrenzwerte vorgeben oder auch den Einsatz bestimmter Techniken verlangen, z. B. Filter zur Reinhaltung der Luft. In der Bundesrepublik gibt es dazu eine Vielzahl von Gesetzen und Verordnungen. Dadurch wird erreicht, dass Umweltschädigungen gar nicht entstehen können (Vorsorgeprinzip). Außerdem hat der Staat die Möglichkeit, bei Übertretungen die Verursacher haften zu lassen (Verursacherprinzip).

Damit sind aber große Nachteile verbunden. Die Einhaltung von Vorgaben oder von technischen Vorschriften ist oft teuer. Unternehmen und Verbraucher versuchen unter Umständen, diese Maßnahmen zu umgehen. Sinnvoll kann es deshalb sein, wenn der Staat Anreize schafft, um dieselbe Wirkung zu erzielen. Solche Anreize können staatliche Abwrackprämien sein oder die Gewährung finanzieller Anreize, wenn Unternehmen oder Privatpersonen ihre Gebäude wärmedämmen.

Ebenfalls dem Vorsorgeprinzip zuzurechnen sind alle Maßnahmen, um in der Bevölkerung ein entsprechendes Umweltbewusstsein zu wecken. Dazu gehört die Aufklärung durch den Staat oder der Aufbau von ökologischem Wissen in den Schulen.

Wettbewerbspolitik

Wettbewerb bedeutet, dass die Unternehmen miteinander konkurrieren. Dazu ist es erforderlich, dass sie Produkte anbieten, die besser und billiger sind als die Produkte der Konkurrenten.

Wettbewerbspolitik ist ein wesentliches Element in der Sozialen Marktwirtschaft. Sie ist darauf ausgerichtet, dass der freie Wettbewerb am Markt gesichert ist. Immer wieder gibt es jedoch Verhaltensweisen, die den Wettbewerb beschränken. So werden Kartelle gebildet, die die freie Preisbildung verhindern (Preiskartell). Der Staat greift deshalb durch Vorgaben oder Gesetze ein. Das Gesetz gegen Wettbewerbsbeschränkungen verbietet solche Kartelle unter Strafandrohung ebenso wie es verhindert, dass Unternehmen sich zu Unternehmen zusammenschließen, die eine zu große Marktmacht erhalten.

Direkten Schutz erhalten Verbraucher und Unternehmen durch das Gesetz gegen unlauteren Wettbewerb. In ihm wird geregelt, dass Verbraucher und Mitbewerber einen fairen Wettbewerb betreiben. So ist z. B. geregelt, dass Unternehmen keine irreführende Werbung betreiben dürfen.

Die Wettbewerbspolitik ist aber auch darauf ausgerichtet, dass die Märkte in Zukunft funktionieren und den Wohlstand der Bevölkerung sichern. Dazu schafft der Staat Anreize für Innovationen, beispielsweise durch Förderung des technischen Fortschritts. Dies stärkt gerade auch die Position der Unternehmen auf den internationalen Märkten.

Wettbewerbspolitik soll den freien Wettbewerb fördern und gleichzeitig wettbewerbsbeschränkende Verhaltensweisen einschränken oder verhindern.

Einkommenspolitik

Einkommen kann auf unterschiedliche Art erzielt werden: durch Arbeit (Arbeitseinkommen), durch Tätigkeit als Unternehmer (Unternehmereinkommen), durch Vermögen (Vermögenseinkommen). Die Einkommen in der Gesellschaft weisen jedoch von Person zu Person sehr große Unterschiede aus. Um die Unterschiede auszugleichen, wendet der Staat Maßnahmen der Einkommenspolitik an. Man spricht auch von Einkommensumverteilung.

Durch die stärkere Besteuerung von höheren Einkommen werden diese höher belastet und niedrige Einkommensbezieher geringer belastet. So bleibt den niedrigen Einkommensbeziehern relativ mehr von ihrem Einkommen zur Verfügung.

Ergänzend erhalten Personen mit geringem Einkommen sogenannte Transferzahlungen. Dazu zählen Wohngeld zum Ausgleich für hohe Mieten, Sozialhilfe für Personen mit äußerst geringem oder überhaupt keinem Einkommen und auch Kindergeld.

Die Einkommenspolitik des Staates zielt darauf ab, dass die Einkommen in der Gesellschaft gerecht verteilt sind.

Sozialpolitik

Die Sozialpolitik setzt Mittel ein, um die wirtschaftliche und gesellschaftliche Lage von Personengruppen zu verbessern, die im Vergleich zu anderen Personengruppen als schwächer angesehen werden. Der Staat hat in der Vergangenheit zahlreiche Maßnahmen entwickelt, die die Stellung dieser Personen verbessern soll.

So schützt das System der Sozialversicherung die Mehrzahl der Bürger gegen die wirtschaftlichen Folgen bei Krankheit, Pflegebedürftigkeit und Arbeitslosigkeit oder beim Eintritt in das Rentenalter.

Arbeitnehmerschutz erfolgt gegen ungerechtfertigte Kündigungen, durch die Begrenzung der Arbeitszeit im Arbeitszeitgesetz sowie durch Gesetze, die die Mütter und schwerbehinderten Menschen schützen.

Mithilfe der Maßnahmen der Familienpolitik sollen die Belastungen von Familien ausgeglichen werden, die durch die Geburt und die Erziehung von Kindern entstehen. Deshalb können Eltern Elternzeit beanspruchen. Gemeinden richten Kindergärten oder Kindertagesstätten ein.

Die Bildungspolitik will erreichen, dass alle in der Gesellschaft die gleichen Chancen haben, eine schulische und berufliche Ausbildung zu erlangen. Dazu gehört z. B., dass der Schulbesuch kostenfrei ist.

Sozialpolitik ist darauf ausgerichtet, dass soziale Gerechtigkeit erreicht wird und Benachteiligte oder Schwächere in der Gesellschaft einen Ausgleich erhalten.

III Lernsituation 5

Zusammenhang zwischen Inflation, Deflation und Kaufkraft

Tahsin Gürsoy und Elisa Kern sind beide gerade in ihrem letzten Ausbildungsjahr zum/zur Mediengestalter/-in in Ravensburg. Tahsin wollte nicht länger bei seinen Eltern wohnen und hat sich mit Beginn des 2. Ausbildungsjahres eine eigene kleine Wohnung gemietet. Eigentlich hatte er sich alles genau ausgerechnet und er dachte, dass sein Ausbildungsgehalt für alle Ausgaben reichen würde. Doch auch jetzt, nachdem er im 3. Ausbildungsjahr mehr verdient, wird das Geld von Monat zu Monat knapper.

Tahsin: Wenn es so weiter geht, muss ich bald wieder bei meinen Eltern einziehen. Strom, Wasser, Essen – wer kann sich das noch leisten? Und jetzt hat mir auch noch mein Vermieter angekündigt, dass er die Miete erhöhen wird.
Wo soll das noch hinführen und wie soll ich das nur alles bezahlen?
Und vor allem: wie soll ich das nur meiner Freundin erklären? Bisher konnte ich sie jeden Monat zweimal ins Kino einladen. Aber durch die ständigen Preiserhöhungen sind auch die Kinokarten immer teurer geworden und so reicht es jetzt nur noch für einen Kinobesuch.

Elisa: Alles teurer? Von wegen, ich habe gerade ein absolutes Schnäppchen gemacht. Mein neues Smartphone war fast schon geschenkt. Man liest doch immer nur noch von Schnäppchen.

Tahsin: In der Werbung vielleicht, aber lies doch mal hier:

NACHRICHTEN

Inflation auf höchstem Stand seit 1993

Angeheizt von höheren Energiepreisen ist die Inflationsrate in Deutschland 2021 auf 3,1 Prozent gestiegen - aufs Jahr gesehen der höchste Stand seit 1993. Im Monat Dezember legten die Preise sogar um 5,3 Prozent zu.

Kräftig gestiegene Energiepreise, Lieferengpässe sowie die Rücknahme der zeitweisen Mehrwertsteuersenkung haben die Inflation 2021 auf den höchsten Stand seit 28 Jahren getrieben. Nach einer ersten Schätzung des Statistischen Bundesamtes betrug die Teuerungsrate im vergangenen Jahr 3,1 Prozent. Ein stärkeres Plus der Verbraucherpreise hatte die Behörde im Jahresschnitt zuletzt 1993 mit damals 4,5 Prozent gemessen. Im ersten Corona-Jahr 2020 hatte die Jahresteuerung noch bei 0,5 Prozent gelegen.

Quelle: https://www.tagesschau.de/wirtschaft/verbraucher/inflation-161.html

---

Elisa: Strom und Nahrungsmittel werden vielleicht teurer, aber zu sagen, dass alles teurer wird, stimmt ja nicht. Und überhaupt, was ist mit dem Begriff »Inflation« gemeint? Kannst du mir das erklären?

1 1 Helfen Sie Tahsin und erklären Sie Elisa mithilfe von ▶D1 den Begriff »Inflation« und in diesem Zusammenhang auch den Begriff »Kaufkraft« in Ihren eigenen Worten.

Formulieren Sie mithilfe der Ausgangssituation ein Beispiel zur Kaufkraftentwicklung.

Inflation:

_____

_____

_____

Kaufkraft:

_____

Beispiel:

_____

_____

1 2 Stellen Sie den Zusammenhang zwischen Kaufkraft und Preisniveausteigerung bzw. -senkung in einem Schaubild graphisch dar. Verwenden Sie dazu die Informationen aus ▶D1.

Die Kaufkraft ist abhängig von der allgemeinen Preisentwicklung

2 **Elisa:** Okay, das mit der Inflation habe ich jetzt verstanden, aber wie will man das bitte bei 83 Millionen Menschen in Deutschland berechnen? Ich kaufe für mein Geld billige Elektrogeräte und du bezahlst teurer gewordenen Strom und Nahrungsmittel. Wie soll hier eine allgemeine Inflation berechnet werden?

Tahsin: Eigentlich ist dies ganz einfach. Man nimmt eine für Deutschland typische Standardfamilie mit 2 Erwachsenen und 2 Kindern und schaut, was diese so für gewöhnlich kaufen. Und aus diesen Produkten wird ein Warenkorb zusammengestellt.

Elisa: Warenkorb, so wie bei Amazon?

Tahsin: Nicht ganz. Schau mal, ich habe hier ein Ablaufdiagramm und ein Schaubild, welche zusammen den Warenkorb ganz gut erklären.

2 1 Erläutern Sie Elisa das Ablaufdiagramm und das dazugehörende Schaubild in ▸D2. Die dazugehörenden Informationstexte können Ihnen dabei helfen. Verwenden Sie in Ihrer Erläuterung die Begriffe »Warenkorb« und »Inflationsrate«.

_____

_____

_____

_____

_____

_____

_____

_____

_____

_____

_____

_____

_____

_____

_____

_____

2 2 **Elisa:** Dann lasst uns das doch auch mal versuchen. Wir schreiben eine Woche lang alle Waren und Dienstleistungen auf, die wir kaufen. Am Ende vergleichen wir.

Erstellen Sie gemeinsam mit Ihren Klassenkameraden/-innen einen allgemeinen Warenkorb für Ihre Klasse. Gehen Sie dabei folgendermaßen vor:

1. Listen Sie für sich alle Waren und Dienstleistungen auf, die Sie in der letzten Woche gekauft haben. Ergänzen Sie die entsprechenden Mengen und Preise. Verwenden Sie dazu das Muster der Seite 36.

2. Vergleichen Sie Ihren Warenkorb mit den Warenkörben ihrer Mitschüler.

3. Erstellen Sie eine Liste mit Waren und Dienstleistungen, die ein durchschnittlicher Auszubildender in einer Woche konsumiert. Vergessen Sie nicht die Mengenangaben. Verwenden Sie dazu das Muster der Seite 36.

4. Addieren Sie die Gesamtpreise aller Waren und Dienstleistungen, um die gesamten Konsumausgaben zu ermitteln.

Muster: eigener Warenkorb

Waren/Dienstleistungen	gekaufte Menge	Preise

Muster: allgemeiner Warenkorb der Klasse _____

Waren/Dienstleistungen	gekaufte Menge	Preise	Summe
Summe			

2 3

Elisa: Das ist ja gar nicht so schwierig wie ich dachte.

Tahsin: Ja, aber wir sind ja auch noch nicht am Ende. Hieraus lässt sich nun auch noch der Verbraucherpreis-index bestimmen.

Elisa: Verbraucherpreisindex – was ist nun das schon wieder?

Erklären Sie Elisa mithilfe des Informationstextes in ▶D3 die Bedeutung des Verbraucherpreisindexes.

_____

_____

_____

_____

3

Tahsin: Jetzt gab es durch gute Tarifverhandlungen eine satte Lohnerhöhung auch für uns Azubis, aber dennoch bleibt am Ende des Monats nicht mehr Geld übrig.

Elisa: Du wirst dir eben für dein zusätzliches Geld auch zusätzliche Dinge gekauft haben, Computerspiele oder so.

Tahsin: Überhaupt nicht. Seit das Geld so knapp ist, schreibe ich alle Ausgaben genau auf, und es gab keine Extrakäufe.

Wie kann so etwas sein? Mehr Lohn und doch kann man weniger kaufen? Helfen Sie den beiden, und beantworten Sie die Fragen mithilfe des Informationstextes in ▶D4. Verwenden Sie dabei die Begriffe Nominal- und Reallohn.

_____

_____

_____

4   **Elisa:**   Inflation, die Preise steigen an, das habe ich nun verstanden. Aber wie kommt es eigentlich zu Preissteigerungen und kann es eigentlich auch sein, dass das Preisniveau sinkt?

     Tahsin: Natürlich, das nennt man Deflation. Aber eine Deflation will auch keiner.

     Elisa: Aber warum? Alles wird billiger, das wäre mein Traum.

Helfen Sie Elisa, die Zusammenhänge von Inflation und Deflation besser zu verstehen. Lesen Sie hierfür den Informationstext in ▶D5 und strukturieren Sie die Inhalte des Textes mithilfe der Tabelle.

Ursachen	gesamtwirtschaftliche Auswirkungen	Wirkung auf Preise
Steuersenkungen		
Lohnerhöhungen		
Zinssenkungen		
höhere Staatsausgaben		
höhere Rohstoffpreise, Lohnerhöhungen		

5   Vergleichen Sie Ihre Ergebnisse mit Ihrem Sitznachbarn. Vervollständigen Sie gemeinsam die Übersichten zu Inflation und Deflation.

Arten/Ursachen der Inflation	Arten/Ursachen der Deflation
Angebotsinflation: Erklärung: Ursachen: **Nachfrageinflation** Erklärung: Ursachen:	**schrumpfende Wirtschaft** Grund: Ursachen:

6 Vervollständigen Sie mithilfe der Texte in ▶**D6** die Übersicht zu den Auswirkungen einer Inflation bzw. Deflation auf die verschiedenen Personengruppen. Bilden Sie dazu zwei Gruppen. Besprechen Sie anschließend Ihre Ergebnisse.

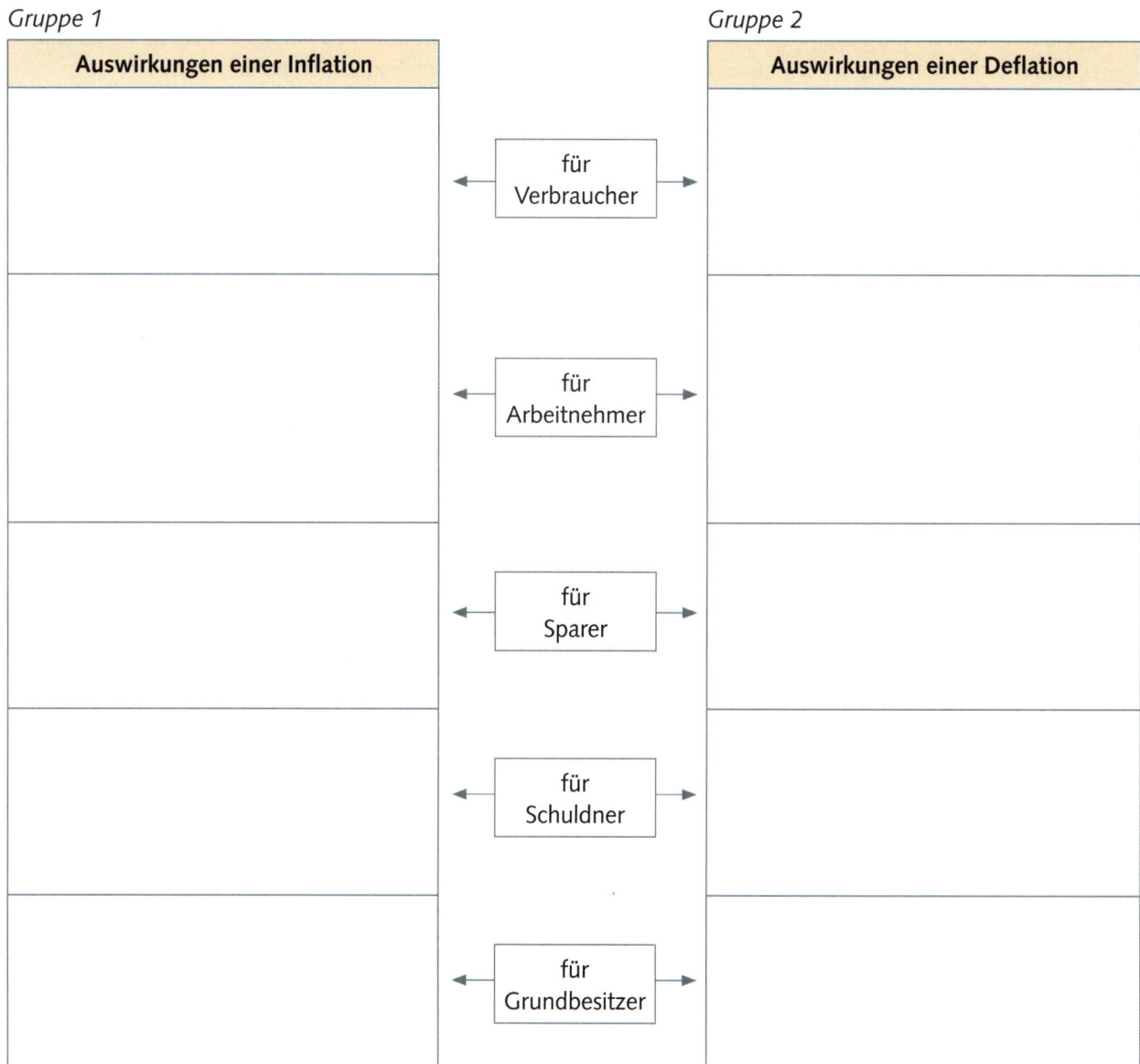

Gruppe 1

Auswirkungen einer Inflation

Gruppe 2

Auswirkungen einer Deflation

für Verbraucher

für Arbeitnehmer

für Sparer

für Schuldner

für Grundbesitzer

DATENKRANZ ☰

D1 Inflation und Kaufkraf

Inflation

DER LAUF DER ZEIT ...

1995 2005 2015

© Dave Vaughan; © hansmuench – stock.adobe.com;
© Marco Scisetti – shutterstock.com

In einer Marktwirtschaft können sich die Preise für Waren und Dienstleistungen jederzeit ändern – einige Preise steigen, während andere fallen. Erhöhen sich die Güterpreise allgemein, und nicht nur die Preise einzelner Produkte, so spricht man von »Inflation«. Ist dies der Fall, so kann man sich heute für einen Euro weniger kaufen als in der Vergangenheit oder anders ausgedrückt: Ein Euro ist dann weniger wert als zuvor.

Bei der jährlichen Preissteigerungsrate handelt es sich um die prozentuale Veränderung des Preisniveaus von einem Jahr zum nächsten.

Quelle: https://www.ecb.europa.eu/ecb/educational/hicp/html/index.de.html (leicht geändert)

Kaufkraft

Kaufkraft ist der Maßstab für den Wert des Geldes. Die Kaufkraft des Geldes gibt an, welche Gütermenge mit einer Geldeinheit oder einem bestimmten Geldbetrag gekauft werden kann. Wenn ich mir bisher für 12 EUR 4 Döner kaufen konnte und ich durch die Preissteigerungen nun nur noch 3 Döner für das gleiche Geld kaufen kann, dann ist die Kaufkraft meines Geldes gesunken.

Die Preise der Güter verändern sich jedoch ständig. So wird z. B. Heizöl im Winter teurer, während andere Güter wie Fahrräder oder Computer im gleichen Zeitraum billiger werden. Die Kaufkraft des Geldes kann deshalb nur in Bezug auf bestimmte Güter gemessen werden. Im allgemeinen Sprachgebrauch bezeichnet man auch das verfügbare Einkommen einer Person oder Personengruppe als Kaufkraft.

Quelle: Duden Wirtschaft von A bis Z: Grundlagenwissen für Schule und Studium, Beruf und Alltag. 6. Aufl. Mannheim: Bibliographisches Institut 2016. Lizenzausgabe Bonn: Bundeszentrale für politische Bildung 2016.(leicht geändert und ergänzt)

D2 Informationstext und Schaubild (Seite 40)

Einige Preisänderungen sind bedeutender als andere

Bei der Berechnung des durchschnittlichen Preisanstiegs wird den Preisen von Produkten, für die wir mehr Geld ausgeben (wie z. B. Strom), eine größere Bedeutung beigemessen als den Preisen von Produkten, für die wir weniger Geld ausgeben (wie z. B. Zucker oder Briefmarken).

Das Kaufverhalten der Menschen ist unterschiedlich

Jeder private Haushalt hat andere Ausgabegewohnheiten: Einige Menschen besitzen ein Auto und essen Fleisch, andere nutzen ausschließlich öffentliche Verkehrsmittel und sind Vegetarier. Die durchschnittlichen Ausgabegewohnheiten aller privaten Haushalte entscheiden, wie viel Gewicht die verschiedenen Produkte und Dienstleistungen bei der Messung der Inflation erhalten.

Bei der Bestimmung der Preissteigerungsrate werden alle Waren und Dienstleistungen berücksichtigt, die von den privaten Haushalten konsumiert bzw. in Anspruch genommen werden. Hierzu zählen u. a.:

- Alltagsprodukte (wie Lebensmittel, Zeitungen und Benzin),
- langlebige Gebrauchsgüter (wie Kleidung, Computer und Waschmaschinen),
- Dienstleistungen (wie Friseurbesuche, Versicherungen und Mietzahlungen).

Der Preis des Warenkorbs im Zeitverlauf

Es wird ein Warenkorb zusammengestellt, der die typischen Güter enthält, die von einem durchschnittlichen Haushalt gekauft werden. Hier geht man von dem Bedarf einer für Deutschland typischen Standardfamilie aus (2 Erwachsene, 2 Kinder). Jedes Produkt in diesem Warenkorb hat einen Preis, der sich im Laufe der Zeit ändern kann. Die Inflationsrate bemisst sich grundsätzlich als die Veränderung zum Ausgangsjahr der Messung (Basisjahr).

Quelle: https://www.ecb.europa.eu/ecb/educational/hicp/html/index.de.html (leicht geändert)

Was ist die Inflationsrate?

Die Inflationsrate zeigt an, wie die Preise für Waren und Dienstleistungen, die ein typischer Haushalt in Deutschland kauft, im Zeitablauf steigen.

Beobachter in knapp **100** Regionen (Städte und Gemeinden) erfassen …	in repräsentativen **Geschäften** und im **Internet** …	jeden Monat über **300 000 Einzelpreise** der am häufigsten gekauften Produkte/ Dienstleistungen.	Diese werden zu **650 Güterarten** zusammen-gefasst.	Sie bilden den immer gleich zusammen-gesetzten **Warenkorb.**

Aus den Preisänderungen wird ein **gewichteter Mittelwert (Inflationsrate)** gebildet: Je größer der Anteil eines Produktes an den Gesamtausgaben des Haushalts ist, umso größer ist auch sein Gewicht im Warenkorb (Beispiel: Miete und Wohnungskosten machen allein 32,5 % aus).

Gewichtung im Warenkorb (in Promille)

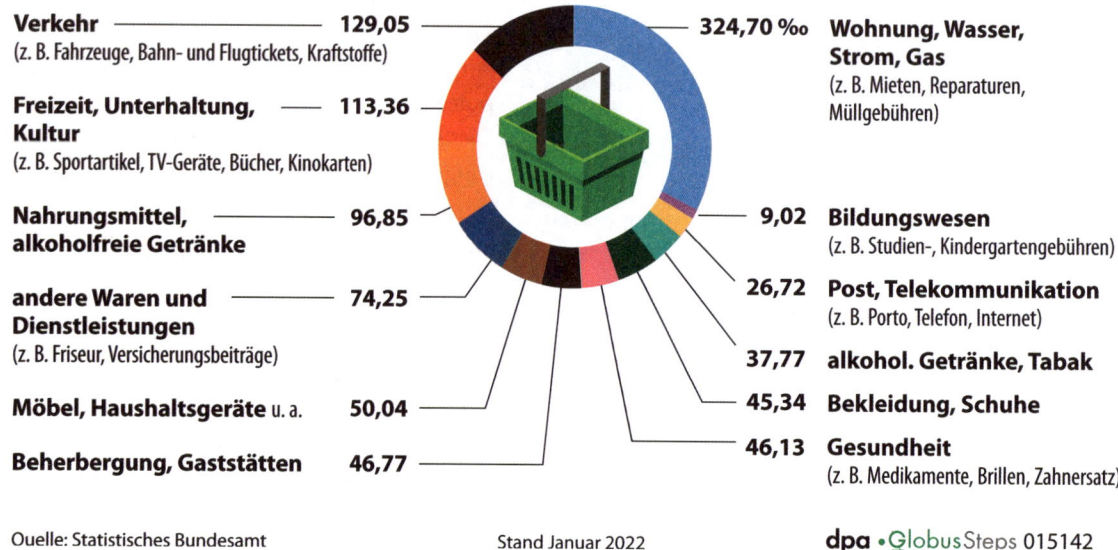

Verkehr — 129,05
(z. B. Fahrzeuge, Bahn- und Flugtickets, Kraftstoffe)

Freizeit, Unterhaltung, Kultur — 113,36
(z. B. Sportartikel, TV-Geräte, Bücher, Kinokarten)

Nahrungsmittel, alkoholfreie Getränke — 96,85

andere Waren und Dienstleistungen — 74,25
(z. B. Friseur, Versicherungsbeiträge)

Möbel, Haushaltsgeräte u. a. — 50,04

Beherbergung, Gaststätten — 46,77

324,70 ‰ **Wohnung, Wasser, Strom, Gas**
(z. B. Mieten, Reparaturen, Müllgebühren)

9,02 **Bildungswesen**
(z. B. Studien-, Kindergartengebühren)

26,72 **Post, Telekommunikation**
(z. B. Porto, Telefon, Internet)

37,77 **alkohol. Getränke, Tabak**

45,34 **Bekleidung, Schuhe**

46,13 **Gesundheit**
(z. B. Medikamente, Brillen, Zahnersatz)

Quelle: Statistisches Bundesamt   Stand Januar 2022   dpa •GlobusSteps 015142

D3 **Verbraucherpreisindex**

Der Warenkorb wird bei der Berechnung des Verbraucherpreisindex zugrunde gelegt.

Der Verbraucherpreisindex zeigt die Preis- und Kaufkraftentwicklung deutscher Haushalte. Ist der Index gestiegen (gesunken), hat sich die Kaufkraft des Geldes in Bezug auf die Güter des Warenkorbs verringert (erhöht). Die Kaufkraft des Geldes ist also gestiegen (gesunken), wenn für eine Geldeinheit mehr (weniger) Güter als zu einem früheren Zeitpunkt gekauft werden können. Geldwert und Preisniveau verhalten sich also umgekehrt. Wenn die Kaufkraft des Geldes bei gleich hohem Nominaleinkommen sinkt, wird von Geldentwertung oder Inflation gesprochen. Steigt die Kaufkraft des Geldes bei gleich hohem Einkommen, spricht man von Deflation.

Quelle: http://www.bpb.de/nachschlagen/lexika/lexikon-der-wirtschaft/19958/kaufkraft (abgeändert)

D4 Nominallohn/Reallohn

Mit **Nominallohn** wird die tatsächliche Summe des Lohnes bezeichnet. Mit **Reallohn** wird die Kaufkraft des Lohnes bezeichnet, d. h., der um die Inflation bereinigte Nominallohn. Dabei kann die Kaufkraft nur im Verhältnis zu Werten früherer Jahre angegeben werden.

Beispiel: Im Januar hatte A einen Stundenlohn von 20,00 EUR. Im Frühjahr des nächsten Jahres wurde der Stundenlohn dann auf 21,00 EUR erhöht. Sein neuer Nominallohn beträgt jetzt 21,00 EUR pro Stunde. Das entspricht einer nominalen Lohnerhöhung von 5 %. Die Inflation betrug im ersten Jahr 2 %, d. h., A muss 2 % mehr für seinen Lebensunterhalt aufwenden. Daher beträgt die Reallohnerhöhung 3 %.

Abwandlung: Wäre der Nominallohn des A nur um 1,5 % erhöht worden auf 20,30 EUR, entspräche dies einem Reallohnverlust von 0,5 %.

Quelle: http://www.lexexakt.de/glossar/nominallohn.php (abgeändert)

D5 Ursachen von Inflation und Deflation

Ursachen der Inflation

Es gibt verschiedene Ursachen für Inflation. Eine Angebotsinflation zeichnet sich dadurch aus, dass Preise von Produktionsfaktoren wie Rohstoffen oder Lohn- und Lohnnebenkosten steigen. Das macht den Herstellungsprozess vieler Güter teurer. Deshalb erhöhen Unternehmen die Preise für ihre Produkte und geben so die Mehrkosten an die Konsumenten weiter. Infolgedessen sinkt die Kaufkraft über einen gewissen Zeitraum. Denn Konsumenten erhalten für ihr Geld weniger als zuvor und schieben zum Beispiel kostspielige Investitionen auf. Hierbei kann auch importierte Inflation eine Rolle spielen.

Bei einer Nachfrageinflation entsteht eine Preissteigerung, weil Konsumenten häufiger nach bestimmten Gütern oder Dienstleistungen verlangen. Übersteigt aber die Nachfrage das Angebot und herrscht gleichzeitig Vollbeschäftigung – was bedeutet, dass Unternehmen die erhöhte Nachfrage nicht durch Produktionssteigerung befriedigen können – steigen die Verbraucherpreise. Dies geschieht vor allem in Hochkonjunkturphasen.

Eine (höhere) Inflation kann auch entstehen, wenn die Staatsausgaben erhöht werden. Hier tritt der Staat als Nachfrager auf und steht somit in Konkurrenz zu den privaten Haushalten.

Quelle: https://www.vr.de/privatkunden/ihre-ziele/geld-anlegen/was-ist-inflation-und-wie-entsteht-sie.html (geändert)

Ursachen der Deflation

Eine Deflation ist das Gegenteil einer Inflation: Die Preise sinken dauerhaft. Was erst einmal gut klingt, kann dafür sorgen, dass Unternehmen und Verbraucher ihre Investitionen und Ausgaben aufschieben. Gründe für eine Deflation gibt es viele. Wenn sich die Volkswirtschaft auf einem absteigenden Ast befindet, reagieren die Menschen und Unternehmen vorsichtiger. Es wird nur so viel Geld wie nötig investiert und ausgegeben, das restliche Geld wird als Rücklage für die befürchteten schlechteren Zeiten verwendet. Dies kann dazu führen, dass das Angebot größer ist als die Nachfrage, wodurch die Preise immer weiter sinken. Gesamtwirtschaftlich führt das zu Insolvenzen, sinkenden Löhnen und steigender Arbeitslosigkeit. Zum einen kann Deflation also aus einem Rückgang der Nachfrage der privaten Haushalte und Verbraucher entstehen. Auch der Staat kann maßgeblich zu einer Deflation beitragen. Dies geschieht, wenn die Regierung die Staatsausgaben drastisch kürzt und dadurch bei gleichbleibendem Angebot eine Nachfragelücke auf den Märkten entsteht. Eine weitere Ursache für Deflation kann ein Exportrückgang sein, d. h., die Nachfrage aus dem Ausland sinkt. Diese gesunkene Nachfrage kann zu sinkenden Preisen führen. Ebenso kann es auch sein, dass die EZB (Europäische Zentralbank) den Leitzins erhöht und somit die Geldmenge im Geldkreislauf reduziert. Die Deflation kommt deutlich seltener vor als die Inflation.

Quellen: https://www.t-online.de/finanzen/news/unternehmen-verbraucher/id_90129274/inflation-in-deutschland-was-ist-geldentwertung-.html
http://www.finanzkrise.eu/hintergruende-finanzkrise/deflation_finanzkrise.html (ergänzt)

D6 Informationstexte

Gruppe 1

Wenn bei einer Inflation der Wert des Geldes verfällt, verfallen auch die Schulden. Klingt doch gar nicht so schlecht? Was bedeutet Inflation für die Menschen?

In der Tat klingt es erst einmal verlockend, wenn die Schulden mit der Zeit an Wert verlieren. Der größte Gewinner ist der Staat. Ist die Inflationsrate höher als der Zins, zu dem er sich Geld geliehen hat, schmelzen seine Schulden auf wunderbare Weise dahin.

Die größten Verlierer sind die Bürger der Mittelschicht. »Die Inflation trifft immer die breite Masse. Sie ist nicht auf die Preissteigerungen vorbereitet«, sagt der Wirtschaftshistoriker Werner Abelshauser. Die Inflation schwächt die Kaufkraft und frisst das meist niedrig verzinste Ersparte auf. Die Angst vor weiteren Preiserhöhungen und die Sorge um den Verlust ihrer Ersparnisse lässt die Menschen immer mehr in Sachwerte flüchten, wie z. B. Immobilien oder Gold. Dies wiederum lässt die Inflation weiter steigen.

Um die Preiserhöhungen auszugleichen, fordern Gewerkschaften Lohnerhöhungen. Hohe Tarifabschlüsse treiben die Preise. Denn die Arbeitgeber geben die steigenden Lohnkosten an die Verbraucher weiter – die Gefahr einer Lohn-Preis-Spirale wächst.

Preisstabilität ist daher ein hohes Gut. Die Inflation sollte möglichst niedrig sein.

Quellen: https://www.wiwo.de/politik/europa/inflation-wer-profitiert-von-inflation-wer-leidet/7219056-6.html
https://www.finanzfuechse.sachsen.de/inflation-und-deflation-4034.html

Gruppe 2

Bei einer Deflation sinken die Preise für Produkte und Dienstleistungen. Auch das klingt auf den ersten Blick ganz gut. Was ist das Problem bei einer Deflation?

Was bedeutet eine Deflation nun für jeden Einzelnen von uns? Auf den ersten Blick scheint eine Deflation Vorteile zu haben: Die Preise für Konsumgüter sinken, Verbraucher können sich mehr leisten. Allerdings hat die Deflation Auswirkungen auf den Arbeitsmarkt: Fast alle Branchen sind von sinkenden Umsätzen bedroht. Kunden warten auf Schnäppchen oder können schlicht immer weniger kaufen. Das bedeutet gleichzeitig, dass der Wettbewerb auf dem Markt immer härter wird, da die konkurrierenden Unternehmen hart um die verbleibende Kaufkraft ihrer Kunden kämpfen müssen. Darauf müssen Arbeitgeber reagieren und für den Arbeitnehmer bedeutet das in der Konsequenz: sinkende Löhne, Bedrohung durch Arbeitslosigkeit. Die Konsumenten werden noch vorsichtiger, die Kaufzurückhaltung nimmt weiter zu. Die Banken vergeben kaum mehr Kredite, die Steuereinnahmen und die Ausgaben des Staates sinken – so kann ein Abwärtskreislauf in Gang kommen, bei dem die Wirtschaftsleistung mehr und mehr abnimmt.

Beim deflationären Prozess verlieren Sachgüter an Wert, vor allem verschuldete Unternehmen, welche ihre Sachgüter mit Krediten finanziert haben, kommen in Schieflage. Dadurch bedingt gibt es mehr Insolvenzen, hieraus ergeben sich negative Auswirkungen für Kreditgeber und Arbeitnehmer. Aber auch die privaten Haushalte sind hier betroffen. »Besonders problematisch kann das für Verbraucher werden, die noch Kredite, etwa für eine Immobilie, abbezahlen müssen«, erklärt der Finanzexperte. Die Schulden bleiben gleich hoch, auch wenn das Einkommen weniger wird. »Sinken die Immobilienpreise, verlängern Banken womöglich den Kredit nicht oder verlangen weitere Sicherheiten.« Es droht die Zwangsversteigerung. Und wenn dann der Erlös nicht ausreicht, um den Kredit abzulösen, stehen die Betroffenen vor einem finanziellen Scherbenhaufen. Gläubiger profitieren hier, da die Schulden an Wert gewinnen.

Auch das Verhalten des Staates hat Auswirkungen auf die Situation der Endverbraucher. Da die Staaten sparen müssen, um die riesigen Rettungspakete finanzieren und Schuldenberge abbauen zu können, werden Löhne im öffentlichen Dienst gekürzt, die Renten schrumpfen und die Mehrwertsteuer kann angehoben werden.

Quelle: https://www.finanzfuechse.sachsen.de/inflation-und-deflation-4034.html
https://www.finanzkrise.eu/deflation-und-depression/

III Lernsituation 6

Bruttoinlandsprodukt als gesamtwirtschaftliche Messgröße

Francesco und Bettina machen gerade eine Ausbildung zum/zur Friseur/-in. In der Mittagspause sitzen sie gerne zusammen und schmökern in den für die Kunden ausgelegten Heften und Zeitungen.

Francesco: Die Corona-Pandemie hat unsere Wirtschaft ganz schön durcheinander gebracht. Wir mussten ja auch wochenlang schließen. Die Prognosen hören sich aber schon wieder richtig gut an. Lies mal hier:

Handelsblatt

OECD traut Deutschland 2022 kräftige Erholung zu – „Es gibt aber enorme Risiken"

Die Industriestaaten-Organisation erwartet, dass die deutsche Wirtschaftsleistung im Jahr 2022 um fast vier Prozent wächst. Es gebe jedoch mehrere Unsicherheitsfaktoren.

Berlin Trotz Lieferengpässen und der nächsten Corona-Welle traut die Industriestaaten-Organisation OECD der deutschen Wirtschaft eine kräftige Erholung zu. 2022 werde das Bruttoinlandsprodukt (BIP) voraussichtlich um 3,9 Prozent wachsen, wie die Organisation für wirtschaftliche Entwicklung und Zusammenarbeit (OECD) zu ihrem am Mittwoch veröffentlichen Ausblick mitteilte.

Hamburger Hafen (Foto:dpa)

Quelle: https://www.handelsblatt.com/politik/konjunktur/nachrichten/konjunktur-oecd-traut-deutschland-2022-kraeftige-erholung-zu-es-gibt-aber-enorme-risiken/27850598.html

---

Bettina: Das Bruttoinlandsprodukt soll um 4 Prozent zulegen. Das ist ja gar nichts. Schau mal hier. Bei den Chinesen wird von einer schwächelnden Wirtschaft geschrieben und doch hatten sie 2021 über 8 Prozent Wachstum.

Handelsblatt

Chinas Wirtschaft wächst deutlich langsamer im vierten Quartal – Konsum bricht ein

Corona-Restriktionen, Immobilienkrise und Stromausfälle haben die Konjunktur in der Volksrepublik belastet.

Peking Chinas Wirtschaft ist im vierten Quartal 2021 langsamer gewachsen. Die zweitgrößte Volkswirtschaft der Welt wuchs nur noch um vier Prozent im Vergleich zum Vorjahresquartal, wie die Nationale Statistikbehörde am Montag mitteilte. Es war das geringste Quartalswachstum seit 18 Monaten. Von Juli bis September hatte die Wirtschaft der Volksrepublik im Vergleich zum Vorjahreszeitraum noch um 4,9 Prozent zugelegt, im zweiten Quartal um 7,9 Prozent. Im Gesamtjahr 2021 wuchs die chinesische Wirtschaft um 8,1 Prozent, wie die Behörden am Montag mitteilten.

Quelle: https://www.handelsblatt.com/politik/international/wirtschaftswachstum-chinas-wirtschaft-waechst-deutlich-langsamer-im-vierten-quartal-konsum-bricht-ein/27980536.html?ticket=ST-5298751-KWhqcGnFk47h4h6DMG0g-ap5

Francesco: Ich dachte immer, dass ein großer Teil der Chinesen immer noch in Armut lebt. Jetzt geht es denen sogar besser als uns. Aber was ist eigentlich mit diesem Bruttoinlandsprodukt gemeint?

1 1 Helfen Sie Bettina und erklären Sie Francesco den Begriff »Bruttoinlandsprodukt (BIP)« mithilfe von ▶D1 in Ihren eigenen Worten.

1 2 Beschreiben Sie das Schaubild in ▶D2 (▶M12, Seite 102) und nennen Sie zu jedem Wirtschaftsbereich jeweils zwei Güter oder Dienstleistungen, welche dort angeboten werden.

1 3 Erläutern Sie mithilfe von ▶**D3** den Unterschied zwischen dem nominalen und dem realen Bruttoinlandsprodukt.

_____

_____

_____

_____

1 4 Aber wem geht es nun wirtschaftlich besser? Den Menschen in Deutschland oder den Menschen in China? Helfen Sie bei der Beantwortung dieser Frage, werten Sie hierfür die Grafiken aus ▶**D4** aus.

_____

_____

_____

_____

_____

_____

_____

_____

_____

_____

2 | »*Das Bruttoinlandsprodukt misst so ziemlich alles was in der Wirtschaft vorgeht. Nur nicht das worauf es im Leben ankommt.*« *(Adolf Theobald)*

Deutschland hat ein hohes Bruttoinlandsprodukt, auch pro Kopf gesehen. Aber heißt dies auch, dass es allen Menschen in Deutschland gut geht?

Um die notwendigen Informationen zu bekommen, und um diese Frage beantworten zu können, müssen Sie zuerst die folgenden Aufträge in Kleingruppen bearbeiten.

2 1 Lesen Sie sich die entsprechenden Informationen im Datenkranz ▶**D5** genau durch. Anschließend beschreiben Sie die Probleme hinsichtlich der Verwendung des BIP als gesamtwirtschaftliche Messgröße. Verwenden Sie hierfür die Notierhilfe auf der Seite 46.

Notierhilfe

Gruppe 1: Warum ist das BIP als Wohlstandsindikator nur bedingt geeignet?

Beschreiben Sie ein alternatives Konzept zum BIP, welches hier besser geeignet ist.

Gruppe 2: Beschreiben Sie die verschiedenen Erfassungs- und Bewertungsprobleme des BIP.

Gruppe 3: Beschreiben Sie zwei Gegebenheiten, welche das Wachstum erhöhen bzw. nicht vermindern, jedoch den Wohlstand mindern.

Nennen Sie einen alternativen Ansatz.

2 2 Erläutern Sie, ob es allen Menschen in Deutschland gut geht.

_____

_____

_____

_____

_____

_____

DATENKRANZ

D1 Informationstext

D2 Grafik

Bruttoinlandsprodukt

Das Bruttoinlandsprodukt (BIP) umfasst den Marktwert aller für den Verbrauch bestimmten Waren und Dienstleistungen, die binnen eines Jahres in einem Land/einer Volkswirtschaft erstellt werden.

Bei der Berechnung des BIP werden die Preise zugrunde gelegt, da man unterschiedliche Waren und Dienstleistungen, z. B. eine Pizza und eine Flugreise, nicht addieren kann.

Bedeutung des BIP

Das BIP ist also die Summe aller mit ihren Preisen bewerteten Wirtschaftsleistungen. D. h., man misst alles, was in der Volkswirtschaft gekauft und verkauft wird, bewertet das mit den Preisen und weiß damit, wie viel in diesem Jahr produziert wurde. Und wenn dieser Wert von einem zum anderen Jahr steigt, dann sagt man: »Die Wirtschaft ist gewachsen.« Es liegt also ein Wachstum des Bruttoinlandsproduktes (Wirtschaftswachstum) vor.

Grundsätzlich ist es möglich, das BIP nicht nur auf einzelne Staaten zu beziehen. Auch eine Ausweitung auf ganze Wirtschaftsräume wie etwa der EU oder Südostasien ist möglich. Allerdings müssen hierbei die unterschiedlichen Währungen berücksichtigt werden. Dennoch können auf Basis des BIP Vergleiche zwischen zwei verschiedenen Wirtschaften gezogen werden. Hierbei bietet sich insbesondere die Umrechnung des BIP auf einen Wert pro Kopf an, damit beispielsweise der Wohlstand der Länder vergleichbar ist.

Bausteine der Wirtschaft

Im Jahr 2021 wurden in diesen Wirtschaftsbereichen Deutschlands so viele Güter und Dienstleistungen produziert (Wertschöpfung in Milliarden Euro):

Produzierendes Gewerbe	758 Mrd. €
Öffentl. Dienstleister, Erziehung, Gesundheit	620
Handel, Verkehr, Gastgewerbe	518
Unternehmensdienstleister	367
Grundstücks-, Wohnungswesen	346
Baugewerbe	192
Information, Kommunikation	162
Banken, Versicherungen u. a.	122
Sonstige Dienstleister	115
Land-, Forstwirtschaft, Fischerei	29

Quelle: Statistisches Bundesamt   015307 **Globus**

D3 Informationstext

Unterscheidung zwischen nominalem und realem Bruttoinlandsprodukt

Das Bruttoinlandsprodukt wird **nominal und real berechnet**.

Nominales Bruttoinlandsprodukt (BIP)

Das nominale BIP gilt als gängigste Form, um die Leistungsfähigkeit eines Landes zu messen. Hier werden weder die Inflation noch die Deflation berücksichtigt. Das nominale Bruttoinlandsprodukt stellt den Gesamtwert aller Waren und Dienstleistungen dar, die innerhalb eines Landes in einem Jahr erwirtschaftet werden.

Die mit der Inflation verbundenen Preissteigerungen werden beim nominalen BIP nicht berücksichtigt und erscheinen als Wirtschaftswachstum. Vor allem beim Vergleich zwischen Industrie- und Entwicklungsländern kann es dadurch zu erheblichen Verzerrungen kommen, da die Inflation in Entwicklungsländern meist stärker auftritt.

Reales Bruttoinlandsprodukt (BIP)

Das reale Bruttoinlandsprodukt gibt wesentlich genauer Auskunft, da hier Preisveränderungen heraus gerechnet werden. Die Preise der Waren und Dienstleistungen werden hier konstant gehalten, d. h. zu einem Basisjahr nicht verändert.

Quelle: https://www.rechnungswesen-verstehen.de/bwl-vwl/vwl/nominales reales bruttoinladsprodukt.php (mit Ergänzungen und Abänderungen)

Beispiel: Ein Friseur bedient pro Tag durchschnittlich 5,5 Kundinnen, diese bezahlen im Schnitt 40 EUR. So haben wir einen Gesamtumsatz von 220 EUR (5,5 Kundinnen · 40 EUR/Kundin).

Die Preise eines Friseurbesuches erhöhen sich um 50 %. Der Friseur bedient aber immer noch durchschnittlich 5,5 Kundinnen am Tag. So haben wir nun einem Gesamtumsatz von 330 EUR. Das nominale BIP würde sich erhöhen, obwohl sich die Dienstleistungen des Friseurs, d. h. die Anzahl der Kundinnen, nicht erhöht haben. Das reale BIP bleibt also gleich.

D4 Grafiken

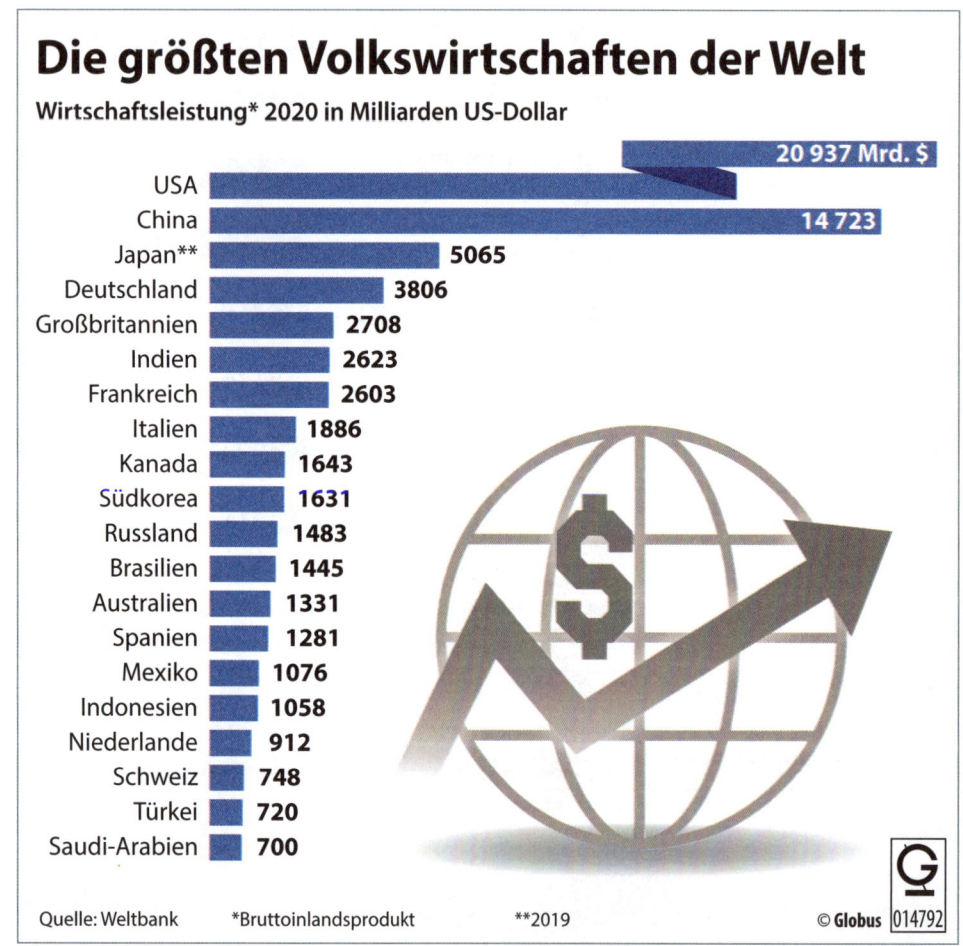

Die größten Volkswirtschaften der Welt

Wirtschaftsleistung* 2020 in Milliarden US-Dollar

USA	20 937 Mrd. $
China	14 723
Japan**	5065
Deutschland	3806
Großbritannien	2708
Indien	2623
Frankreich	2603
Italien	1886
Kanada	1643
Südkorea	1631
Russland	1483
Brasilien	1445
Australien	1331
Spanien	1281
Mexiko	1076
Indonesien	1058
Niederlande	912
Schweiz	748
Türkei	720
Saudi-Arabien	700

Quelle: Weltbank   *Bruttoinlandsprodukt   **2019

© Globus 014792

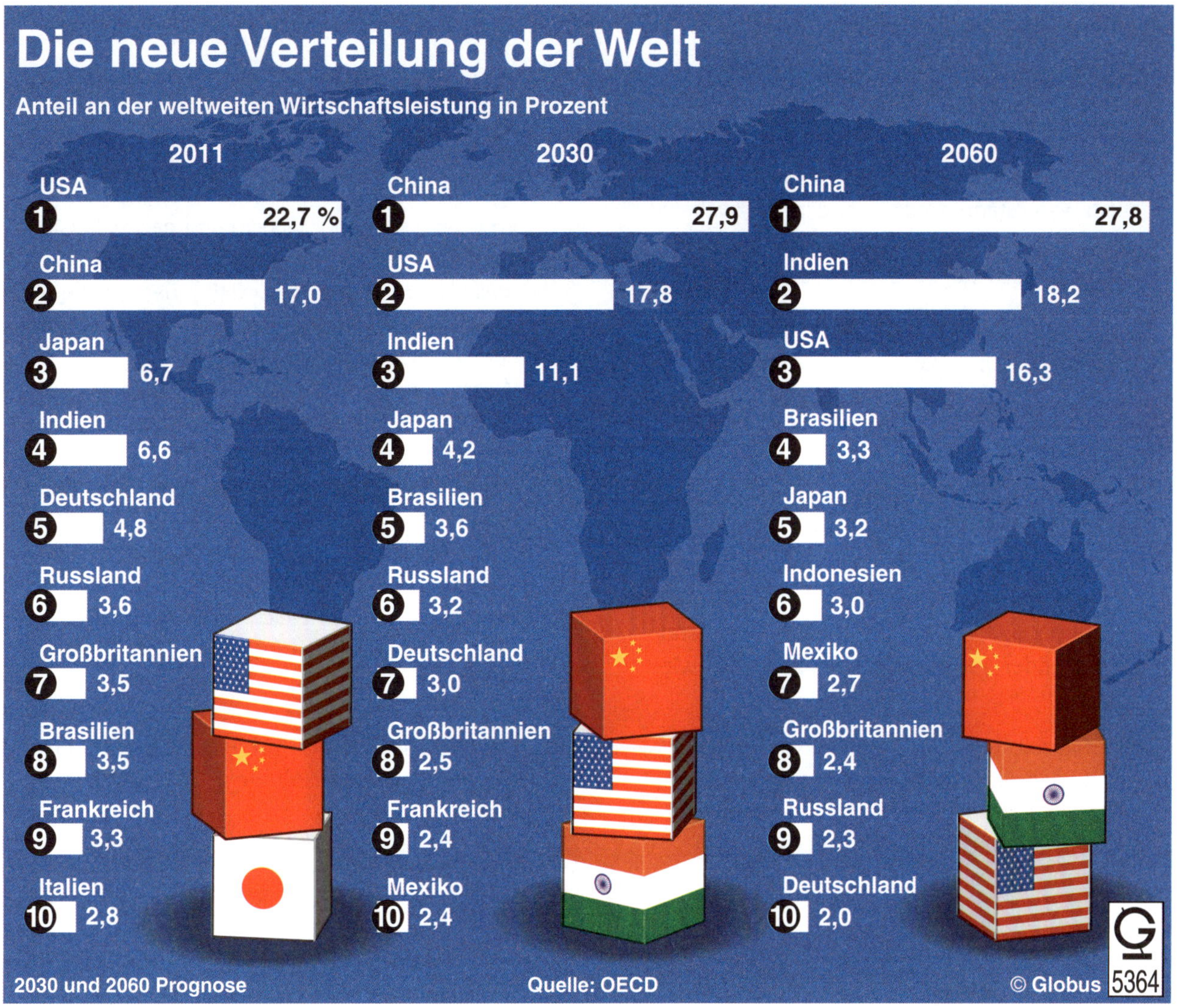

Die neue Verteilung der Welt

Anteil an der weltweiten Wirtschaftsleistung in Prozent

	2011		2030		2060
USA ❶	22,7 %	**China** ❶	27,9	**China** ❶	27,8
China ❷	17,0	**USA** ❷	17,8	**Indien** ❷	18,2
Japan ❸	6,7	**Indien** ❸	11,1	**USA** ❸	16,3
Indien ❹	6,6	**Japan** ❹	4,2	**Brasilien** ❹	3,3
Deutschland ❺	4,8	**Brasilien** ❺	3,6	**Japan** ❺	3,2
Russland ❻	3,6	**Russland** ❻	3,2	**Indonesien** ❻	3,0
Großbritannien ❼	3,5	**Deutschland** ❼	3,0	**Mexiko** ❼	2,7
Brasilien ❽	3,5	**Großbritannien** ❽	2,5	**Großbritannien** ❽	2,4
Frankreich ❾	3,3	**Frankreich** ❾	2,4	**Russland** ❾	2,3
Italien ❿	2,8	**Mexiko** ❿	2,4	**Deutschland** ❿	2,0

2030 und 2060 Prognose   Quelle: OECD   © Globus 5364

Wohlstand für alle in weiter Ferne

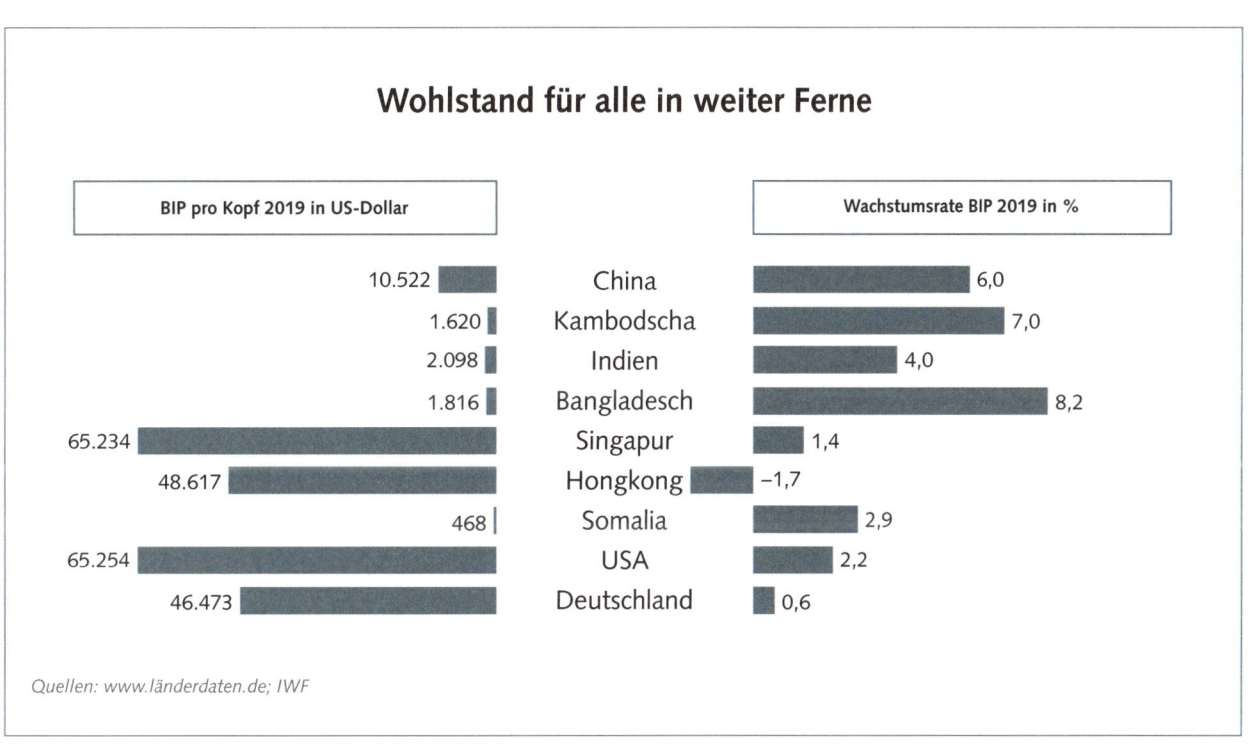

BIP pro Kopf 2019 in US-Dollar		Wachstumsrate BIP 2019 in %
10.522	China	6,0
1.620	Kambodscha	7,0
2.098	Indien	4,0
1.816	Bangladesch	8,2
65.234	Singapur	1,4
48.617	Hongkong	−1,7
468	Somalia	2,9
65.254	USA	2,2
46.473	Deutschland	0,6

Quellen: www.länderdaten.de; IWF

D5 Informationstexte

Gruppe 1

Befürworter behaupten, dass Wachstum allgemein Wohlstand fördert, andere bezweifeln dies.
Können Wachstum und Lebensqualität in Einklang gebracht werden?

▶ Ein steigendes BIP bringt nicht automatisch eine steigende Lebensqualität mit sich.

⬇

Lebensqualität lässt sich mithilfe von sozialen Indikatoren beschreiben, die sich jedoch meist nur schwer in Geld bewerten lassen. Soziale Indikatoren geben Auskunft über den Zustand bedeutender gesellschaftlicher Bereiche, wie z. B.:

- Freizeit
- soziale Sicherheit
- Arbeits-
bedingungen
- Umweltqualität
- Wohn-
bedingungen
- Zufriedenheit
- Bildung
- Gesundheit

Happy Planet Index: Glück und Nachhaltigkeit

Welches ist das glücklichste und nachhaltigste Land der Welt? Costa Rica. Das belegt der aktuelle Happy Planet Index (HPI), der Index des glücklichen Planeten. Hier wird die Natur mit dem Wohlbefinden verbunden.
Welche Länder ermöglichen ihren BürgerInnen ein gutes Leben, ohne dabei die Natur zu stark zu belasten?
Der Happy Planet Index wird über folgende Formel berechnet:
Happy Planet Index entspricht Lebenserwartung mal subjektives Wohlbefinden mal der sich ergebenden Ungleichheiten innerhalb der Bevölkerung, geteilt durch den ökologischen Fußabdruck.

Deutschland landete auf Platz 29, die USA wegen ihrer verheerenden Öko-Bilanz auf Platz 122.

Quelle: www.newslichter.de

Was ist Wohlstand?

© Visual Generation – shutterstock.com

Auch wenn die Wachstumsraten des BIP positiv sind, können bestimmte Personengruppen verarmen. Das BIP sagt nichts über die Einkommensverteilung aus.

Armut in Deutschland: Wer trotz Arbeit zu wenig Geld hat – Millionen Menschen bedroht
Aktuelle Berechnungen zeigen, dass im Jahr 2019 acht Prozent der erwerbstätigen Menschen ab 18 Jahren als armutsgefährdet galten. Besonders besorgniserregend: Die Zahlen beziehen sich allesamt auf die Zeit vor der Corona-Krise in Deutschland. Vor der Pandemie waren folglich bereits rund 3,1 Millionen Menschen von Armut bedroht – und das trotz Job.

Quelle: https://www.fr.de/wirtschaft/armut-deutschland-job-arbeit-arm-rente-einkommen-alleinerziehend-rentner-statistik-geld-leben-frankfurt-ltt-zr-90184137.html

Gruppe 2

Schattenwirtschaft

Ökonomische Aktivitäten, die zur gesamtwirtschaftlichen Wertschöpfung beitragen, jedoch nicht in der offiziellen Wirtschaftsstatistik ausgewiesen werden.

Quelle: Gabler's Wirtschaftslexikon

Auch die Selbstversorgungswirtschaft gehört zur Schattenwirtschaft. Hierunter fallen unbezahlte Arbeiten, wie z. B. Hausarbeit, Nachbarschaftshilfe, Do It Yourself- oder ehrenamtliche Tätigkeiten. Dieser Teil der Schattenwirtschaft gehört nicht zur Produktion und wird deshalb nicht im BIP berücksichtigt.

Quelle: https://www.w-t-w.org/de/page/37/

Nicht erfasst werden die Schwarzarbeit und alle anderen illegalen Tätigkeiten wie Drogenhandel oder Schmuggel. Diese Waren und Dienstleistungen werden illegal gehandelt und gehen somit an Staat und Statistik vorbei. Die Untergrundwirtschaft als Ganzes geht nur als Schätzgröße in das BIP ein.

Die Arbeit der Hausfrau, sofern sie kein Einkommen hat, zählt nicht. Mütter, die ihre Kinder ohne Entgelt großziehen, werden vom BIP übersehen. Kämen zwei Mütter dagegen auf die listige Idee, ihre Kinder auszutauschen und sich für die Betreuung gegenseitig und monatlich je 1.000 EUR zu zahlen, wäre das BIP im selben Monat um 2.000 EUR gestiegen.   (Adolf Theobald)

Was führt zu Wachstum?

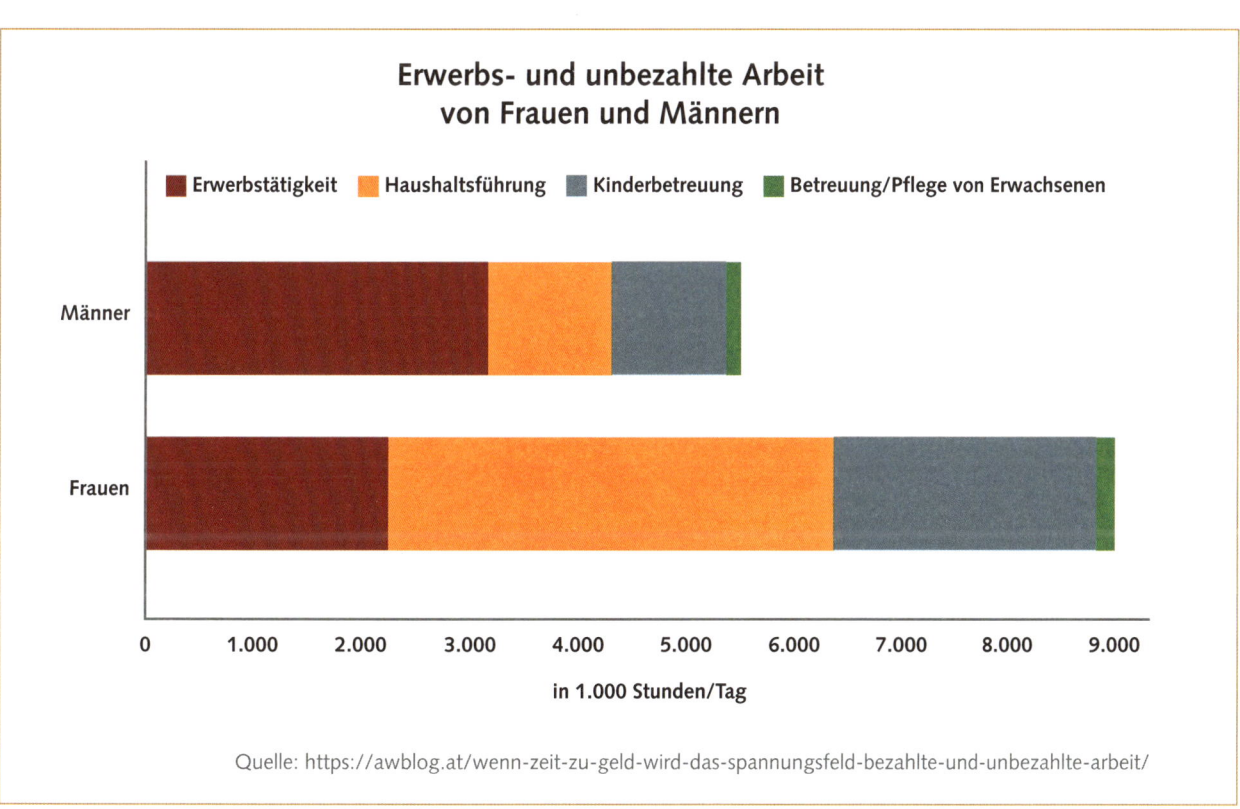

Quelle: https://awblog.at/wenn-zeit-zu-geld-wird-das-spannungsfeld-bezahlte-und-unbezahlte-arbeit/

Gruppe 3

» ... und wums! ... Wir steigern das BIP!«

© Dave Vaughan

Freudenfest für das Inlandsprodukt

»Der Lenker eines Autos passt nicht auf, gerät auf die Gegenfahrbahn und verursacht mit dem entgegenkommenden Auto einen schweren Unfall. Da freut sich das Bundesamt, da das BIP sprunghaft ansteigt: Rettungshubschrauber, Ärzte, Krankenschwestern, Abschleppdienst, Reparatur und Rechtsstreit, all das sind beruflich erfasste Tätigkeiten, die bezahlt werden müssen. Und Wert hat in der gängigen Wirtschaft nur, was bezahlt wird. Auch wenn kein Beteiligter einen Gewinn an Lebensqualität oder sogar einen großen Verlust hat, so steigt doch der Wert unseres »Wohlstandes«, den bekanntlich das BIP angibt.«

Ernst Ulrich von Weizsäcker:
»Erdpolitik«, 1992

Soziale Kosten

(engl.: social costs) Soziale Kosten sind von der Unternehmung verursachte Kosten, die jedoch nicht von der verursachenden Unternehmung, sondern von der Allgemeinheit getragen werden müssen. *Beispiele:* Vernichtung von Pflanzen, Abbau von Naturschätzen, Wasser- und Luftverunreinigung, Lärmbelästigungen, Arbeitsunfälle, Berufskrankheiten u. a.m.

Quellen: Wirtschaftslexikon24.com

Die sozialen Kosten werden im BIP nicht berücksichtigt.

Bei der Berechnung des BIP bleiben externe Effekte wie Luftverschmutzung, Wasserverunreinigung, Lärmbelästigung und die Umweltnutzung unberücksichtigt. Als wertschöpfend und damit wohlstandssteigernd wirkt dagegen die Beseitigung von Umweltschäden. Läuft ein Öltanker aus, gehen die Reinigungsarbeiten in das BIP ein. Kurioserweise führt die Wiederherstellung des ursprünglichen Zustandes der Umwelt zu einer Erhöhung des Wohlstandsmaßstabes BIP.

Herbert Edling
»Volkswirtschaftslehre – Schnell erfasst«

Neben dem BIP wird auch eine umweltökonomische Gesamtrechnung veröffentlicht. Die Berechnung dieses »Ökoinlandsproduktes« scheitert jedoch an der Bewertung. Wie hoch ist der gesellschaftliche Nutzen eines Baumes?

Positives Wachstum?

© godfather744431 – shutterstock.com

Kap 3.8.1 Kap 3.8.2

III Lernsituation 7

Idealtypischer Konjunkturverlauf und Konjunkturindikatoren

Der 18-jährige Boris Steinharter ist im letzten Lehrjahr seiner Ausbildung zum Maler und Lackierer. Sein Ausbildungsbetrieb beschäftigt neben dem Chef, Kurt Kleinheinz, weitere 20 Mitarbeiterinnen und Mitarbeiter. Neben Boris werden noch zwei weitere Jugendliche ausgebildet. Die meisten anderen Mitarbeiter sind ausgebildete Fachkräfte, drei davon Meister. Zwei arbeiten als Hilfskräfte, die Herr Kleinheinz selbst angelernt hatte. Auch wenn die Nachwirkungen der Corona-Pandemie weiterhin zu spüren sind, ist die Auftragslage noch ausgezeichnet. Das Malergeschäft ist für die nächsten Monate voll ausgebucht, und es kommen fast täglich neue Anfragen. Diese können nur noch von Stammkunden angenommen werden. Neukunden müssen momentan abgelehnt werden.

In einer Besprechung bittet Herr Kleinheinz die Mitarbeiter, Überstunden zu machen, damit die Aufträge pünktlich erledigt werden können. Er fragt auch Boris, ob er bereit wäre, ab und zu samstags zu arbeiten. Der Chef ist auch bereit, kräftige Überstundenzuschläge zu bezahlen. Und er wird versuchen, weitere Mitarbeiter einzustellen. Aber, so erläutert er, das sei momentan fast aussichtslos. Trotz der noch spürbaren Nachwirkungen der Corona-Pandemie gibt es kaum mehr Fachkräfte. Die Arbeitslosigkeit im gesamten Bereich Bauwirtschaft sei Gott sei Dank sehr niedrig. Selbst ungelernte Kräfte, die man anlernen könne, seien kaum zu finden. Aber so sei das nun mal in der momentanen Konjunkturlage. Daher werde er Arbeitskräfte aus dem Ausland anwerben. Bis diese aber sprachlich und fachlich qualifiziert und mit den entsprechenden Gesundheitszeugnissen ausgestattet seien, brauche er die Unterstützung der Belegschaft, damit die Kunden zufriedengestellt werden können.

Boris überlegt sich, dass er durchaus ein paar Samstage arbeiten könnte. Dann könnte er sich vielleicht schneller sein Wunsch-Handy kaufen. Zunächst möchte er aber die Zusammenhänge über die Konjunktur etwas besser verstehen.

AUFTRÄGE ≡

1   Boris möchte zunächst nochmals seine Kenntnisse zum Thema Bruttoinlandsprodukt auffrischen. Helfen Sie ihm und bearbeiten Sie die folgenden Fragen in Partnerarbeit. Verwenden Sie dazu ▶D1 des Datenkranzes.

1 1   Was versteht man unter dem Bruttoinlandsprodukt?

_____

_____

1 2   Nennen Sie ein paar Beispiele für Wirtschaftsleistungen.

_____

_____

1 3   Was versteht man unter Wirtschaftswachstum?

_____

_____

_____

_____

1 4 Begründen Sie, wie sich die im Vergleich zum Vorjahr gestiegene Auftragssituation im Malerbetrieb Kleinheinz auf die Wirtschaftsleistung (das Bruttoinlandsprodukt) Deutschlands auswirkt.

_____

_____

_____

2 In ▸D2 finden Sie eine grafische Darstellung der Entwicklung des Bruttoinlandsproduktes (BIP) in Deutschland seit 1971. Die Darstellung zeigt mit jeder Säule, wie sich das BIP im Vergleich zum Vorjahr verändert hat. Bearbeiten Sie mit Ihrem Partner die folgenden Fragen:

2 1 Nennen Sie beispielhaft Jahre, in denen sich das BIP folgendermaßen verändert hat:

wachsende Wirtschaft: _____

keine Veränderung (weder Wachstum, noch Rückgang): _____

schrumpfende Wirtschaft: _____

2 2 Wählen Sie zwei beliebige aufeinanderfolgende Jahre aus. Erklären Sie anhand dieser beiden Jahre die Aussage der Säule.

_____

_____

2 3 In welchem Jahr gab es das größte Wachstum und wie hoch war es?

_____

_____

2 4 In welchem Jahr ist die Wirtschaftsleistung am stärksten geschrumpft und wie hoch war dieser Rückgang?

_____

2 5 Verbinden Sie in der Grafik in ▸D2 alle Säulenenden miteinander.

2 6 Erläutern Sie, welche Erkenntnisse Sie der gezeichneten Kurve entnehmen können.

_____

_____

_____

_____

2 7 Aufgrund der Corona-Pandemie erlebte die deutsche Wirtschaft im Jahr 2020 einen Rückgang des Bruttoinlandsprodukts um 4,6 %. Im Jahr 2021 erholte sich die Wirtschaft bereits wieder und wuchs um 2,7 %. Skizzieren Sie in der Grafik ▶D2 und erläutern Sie, wie sich dies auf die Grafik in den Jahren 2020 und 2021 auswirkte.

3 Boris erkennt in dem Auf und Ab eine Regelmäßigkeit. Bearbeiten Sie den Text ▶D3 mittels der Methode ▶M14, Seite 104. Erklären Sie die Regelmäßigkeit und beschriften Sie die dargestellte schematische Kurve. Verwenden Sie dazu folgende Begriffe:

Abschwung – Aufschwung – Rezession – Konjunkturtief – Boom – Depression – Trend – Konjunkturzyklus – neuer Aufschwung – Hochkonjunktur

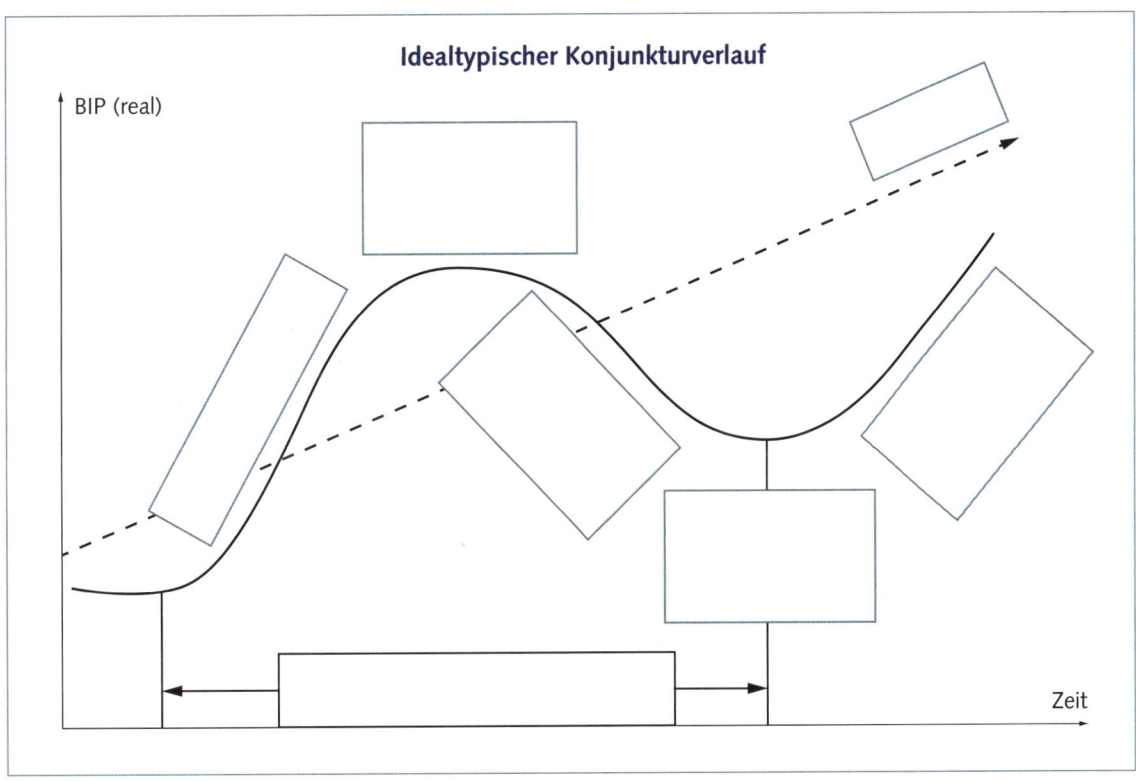

4 Boris vergleicht den idealtypischen Verlauf mit der Grafik in ▶D2 um festzustellen, wie lange ein Konjunkturzyklus im Durchschnitt in der Vergangenheit dauerte. Zählen Sie nach und halten Sie das Ergebnis fest.

5 Boris erstellt sich einen Merkzettel, um die Veränderung der Konjunkturindikatoren in den Konjunkturphasen festzuhalten. Ergänzen Sie den Merkzettel. Verwenden Sie hierzu ▶D3 und die Darstellung aus Auftrag 3.

Konjunktur-phase ▶ Konjunktur-indikator ▼	Aufschwung	Hochkonjunktur	Abschwung	Konjunkturtief
Auftrags-eingänge bei Unternehmen				
Brutto-inlands-produkt				
Arbeits-losigkeit				
Einkommen der Arbeit-nehmer				

6 Beurteilen Sie, in welcher Konjunkturphase sich die Wirtschaft aktuell befindet.

_____

_____

_____

_____

_____

_____

_____

_____

DATENKRANZ ≡

D1 Bruttoinlandsprodukt (BIP) und Wirtschaftswachstum

Definition und Berechnung

Das **Bruttoinlandsprodukt (BIP)** umfasst den Markt-
wert aller für den Verbrauch bestimmten Waren und
Dienstleistungen, die binnen eines Jahres in einem
Land (einer Volkswirtschaft) erstellt werden.

Bei der Berechnung des BIP werden die Preise zugrunde gelegt, da man unterschiedliche Waren und Dienstleistungen, z. B. eine Pizza und eine Flugreise, nicht
addieren kann.

Bedeutung des BIP

Das BIP ist also die Summe aller mit ihren Preisen bewerteten Wirtschaftsleistungen. D. h., man misst alles,
was in der Volkswirtschaft gekauft und verkauft wird,
bewertet das mit den Preisen und weiß damit, wie viel
in diesem Jahr produziert wurde. Und wenn dieser
Wert von einem Jahr zum anderen steigt, dann sagt
man: »Die Wirtschaft ist gewachsen.« Es liegt also ein
Wachstum des Bruttoinlandsproduktes (Wirtschaftswachstum) vor. Dies nimmt man als Grundlage zur
Messung der Konjunktur.

D2 Veränderung des Bruttoinlandsproduktes von 1973 bis 2021 in Deutschland
(in Prozent im Vergleich zum Vorjahr)

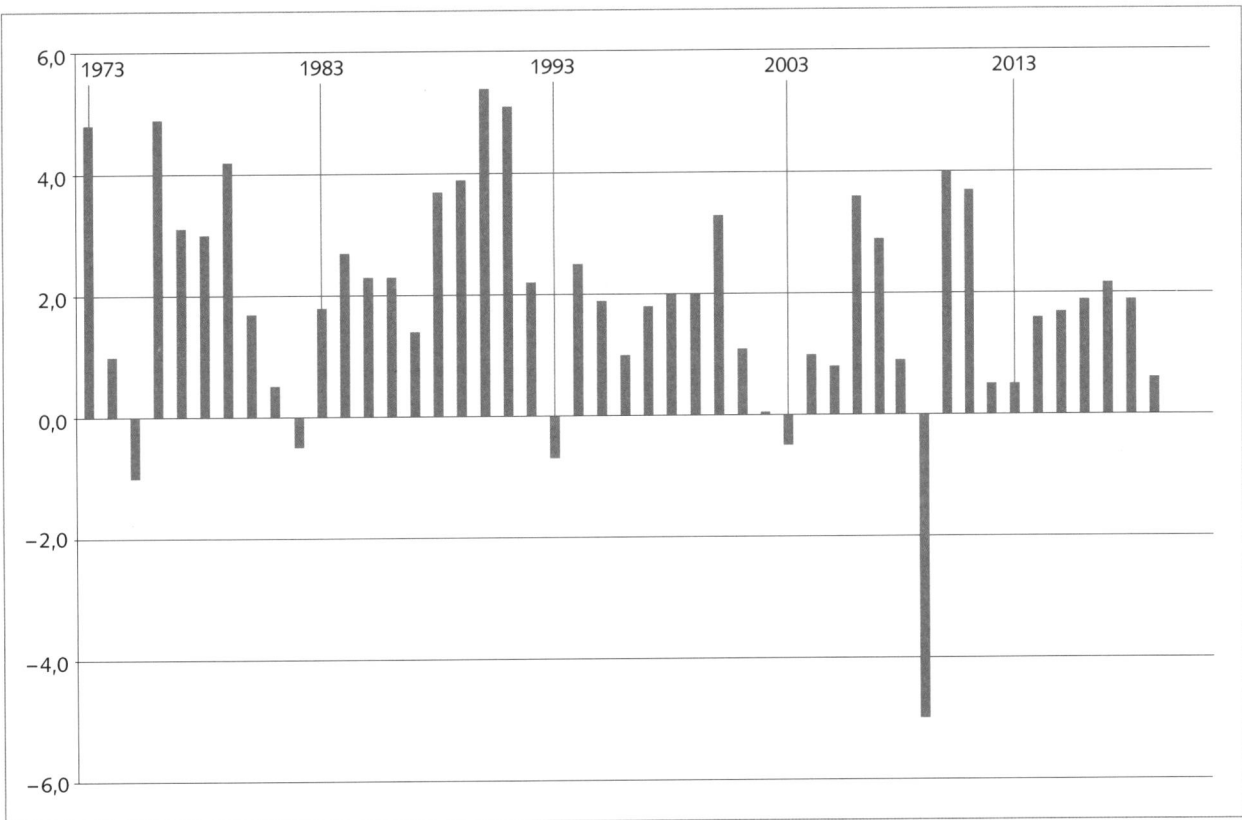

D3 Konjunkturzyklus und Konjunkturindikatoren

Oft hört man in den Nachrichten von den »Aktivitäten
der Konjunktur« und den Auswirkungen der Konjunktur auf unsere Wirtschaft. Verläuft die Konjunktur
positiv, gibt es weniger Arbeitslosigkeit, höhere Ge-
hälter, und die Wirtschaft ist generell aufstrebend. Ist
die Konjunktur in einer negativen Phase, erhöht sich
die Arbeitslosigkeit, und das für Konsumzwecke verfügbare Einkommen sinkt. Die Wirtschaft erlebt einen
Abschwung. Doch was ist denn jetzt eigentlich genau
Konjunktur und wie verläuft sie?

Als Konjunktur bezeichnet man ein über mehrere Jahre hinweg in einer Volkswirtschaft wiederkehrendes
Grundmuster von Aufs und Abs der wirtschaftlichen
Aktivität. Die wellenförmigen Auf- und Ab-Bewegun-
gen der Wirtschaft werden durch den **Konjunkturzyklus** dargestellt.

Der Konjunkturzyklus besteht aus den Phasen Aufschwung, Hochkonjunktur (Boom), Abschwung (Rezession) und Konjunkturtief (Depression).

Die Phase des **Aufschwungs** ist durch steigende Nachfrage und somit steigende Auftragseingänge (Produktion) und folglich steigende Gewinne gekennzeichnet. Zwar steigen in dieser Phase die Löhne, aber auch die Güterpreise. Weil die Auftragseingänge zunehmen, ist eine sinkende Arbeitslosenzahl die Folge. Dies führt mit den gestiegenen Löhnen zu einer Einkommenszunahme auch bei den Arbeitnehmern.

Der sich an den Aufschwung anschließende **Boom** bildet den Hochpunkt der Konjunktur. Hier sind die Produktionskapazitäten wegen der hohen Auftragsbestände stark ausgelastet, es werden hohe Gewinne erzielt und es besteht geringe Arbeitslosigkeit oder gar Vollbeschäftigung. Das Lohnniveau und die Preise steigen weiter an.

Nach dem Boom geht das Wirtschaftswachstum wieder zurück und man spricht von einem **Abschwung**. Die Nachfrage klingt ab, die Produktion wird verringert, weil die Auftragseingänge deutlich zurück gehen. Gewinne und Investitionen sinken und die Arbeitslosigkeit steigt. Die Einkommen der Menschen gehen zurück.

Das **Konjunkturtief** schließlich zeichnet sich durch eine geringe Nachfrage aus. D. h., weil keine neuen Aufträge eingehen, liegen die Kapazitäten nahezu brach. Und meist beginnt die Arbeitslosigkeit deutlich anzusteigen, weil Menschen entlassen werden. Die Wirtschaft befindet sich in einer Krise, was die Menschen durch rückläufige Einkommen zu spüren bekommen.

Die Konjunktur ist messbar. Das **Bruttoinlandsprodukt** (der Gesamtwert aller Waren und Dienstleistungen, die in einem Land innerhalb eines Jahres produziert werden) ist hierfür die wichtigste **Messzahl (Indikator)**. Schwankungen geben gute Hinweise auf den Verlauf der Konjunktur. Ein steigendes Bruttoinlandsprodukt spiegelt somit eine gute Konjunktur wider und steht für wirtschaftlichen Aufschwung. Geringes Wirtschaftswachstum weist auf einen Abschwung hin. Negative Wachstumszahlen zeigen ein Konjunkturtief an.

Das Wirtschaftswachstum ist meist positiv. Dies bedeutet, dass das Bruttoinlandsprodukt über die Jahre hinweg trotz der Schwankungen steigt. Der **Trend** des Wachstums zeigt nach oben.

Neben dem Bruttoinlandsprodukt gibt es viele weitere Messgrößen (**Konjunkturindikatoren**), die der Erkennung und Messung der Konjunkturphase dienen können. Die Güterpreise, die privaten Konsumausgaben, Investitionen, Auftragsbestand und Umsätze von Unternehmen sowie die Arbeitslosenquote sind einige von diesen Indikatoren.

Quelle: Wirtschaft und Schule. Unterrichtsmaterialien »Konjunktur«, http://www.wirtschaftundschule.de/fileadmin/user_upload/ unterrichtsmaterialien/staat_und_wirtschaftspolitik/Konjunktur/ UE_Konjunktur.pdf (ergänzt und geändert)

III Lernsituation 8

Maßnahmen zur Beeinflussung der Konjunktur und ihre Auswirkungen

Der Malerauszubildende Boris Steinharter arbeitet, wie von seinem Chef gewünscht, zusätzlich ein paar Samstage und bekommt dafür den gleichen Stundenlohn wie ein ausgebildeter Maler. Sein Ziel, für ein neues Handy zu sparen, erreicht er damit sehr schnell. Nach nur sechs Samstagen hat er das Geld für sein neues Mobiltelefon erarbeitet und geht in den Handyladen. Strahlend kommt er mit seinem neuen Gerät nach Hause.

Dort findet er seinen Vater vor einem großen Stapel mit Prospekten von Autohäusern. Dem verwunderten Boris erklärt dieser, dass er für die Familie wohl ein neues Auto kaufen werde, da er von seinem Betrieb wegen der guten Auftragslage eine Jahresabschlussprämie in Höhe von mehreren Tausend Euro erhalten habe.

Die Mutter von Boris würde mit dem Zusatzeinkommen aber viel lieber die Wohnung renovieren lassen. Boris' Vater meint, wenn die neue Regierung jetzt mal endlich Ernst machen würde mit der schon lange angekündigten Steuersenkung, dann könnten sie beides gut verkraften: Autokauf und Wohnungsrenovierung.

AUFTRÄGE ≡

1 Die in der Ausgangssituation geschilderten Zusammenhänge sollen zunächst analysiert werden.

1 1 Fassen Sie die in der Ausgangssituation geschilderten Aussagen zusammen.

_____

_____

_____

_____

1 2 Durch das gestiegene Einkommen erhöhen sich die Konsumausgaben. Nennen Sie mögliche Gründe für ein gestiegenes Einkommen.

_____

_____

2 Boris überlegt sich, wie sich die höheren Konsumausgaben auswirken…
Tragen Sie für ihn die möglichen Auswirkungen in folgender Tabelle zusammen.

… auf die Auftragslage bei Handy- und Auto-herstellern und bei Handwerksbetrieben.	
… auf die Zahl der Beschäftigten in diesen Unternehmen (auf die Beschäftigung).	

► ... auf das Einkommen der Menschen.	
... auf die Arbeitslosig-keit in Deutschland.	
... auf das Brutto-inlandsprodukt in Deutschland.	

3 Boris möchte wissen, wie sich die gesamte Nachfrage einer Volkswirtschaft zusammensetzt. Klären Sie dies für ihn mithilfe des Textes ►D1.

3 **1** Erschließen Sie den Text in Einzelarbeit. Klären Sie dann mit einer Mitschülerin/einem Mitschüler die ungeklärten Begriffe und vergleichen Sie die wichtigen Inhaltspunkte. (►M14, Seite 104)

3 **2** Fassen Sie für Boris die Ergebnisse in der Tabelle zusammen.
Nennen Sie die Nachfrager, die in einer Volkswirtschaft Güter und Dienstleistungen nachfragen (kaufen) und zählen Sie Beispiele auf. Wie bezeichnet man jeweils die Art der Nachfrage?

Nachfrager	Beispiele	Art der Nachfrage

▶

3 3 Boris überlegt sich, welche Größen die Höhe der jeweiligen Nachfrage beeinflussen. Sammeln Sie in Partnerarbeit, wovon es abhängt, wie groß die Nachfrage der genannten vier Gruppen jeweils ist.

Nachfrager	Beeinflussung der Nachfrage
Privatperson (Konsumgüter-nachfrage)	
Staat (Staatsnachfrage)	
inländische Unternehmen (Investitionsgüter-nachfrage)	
ausländische Unternehmen (Auslands-nachfrage)	

3 4 Ergänzen Sie danach gemeinsam die Strukturskizze auf der folgenden Seite. Verwenden Sie dazu die Begriffe in ▶D2.

Zusammenhang zwischen Nachfrage und Konjunktur

Komponenten (Bestandteile) der Nachfrage einer Volkswirtschaft

+

+

+

Gesamtnachfrage der Volkswirtschaft (des Landes)

beeinflusst

Nachfrage steigt:

▲

Nachfrage sinkt:

▲

Nachfrage steigt:

▲

Nachfrage sinkt:

▲

Nachfrage steigt:

▲

Nachfrage sinkt:

▲

4 Boris weiß nun, dass das Einkommen die Nachfrage der Konsumenten beeinflusst. Wichtig ist für sein Verständnis der Zusammenhänge noch, von wem und wie dieses Einkommen beeinflusst werden kann, und welche Rolle der Staat mit der Höhe der Einkommensteuer spielt. Zeigen Sie ihm die Zusammenhänge auf, indem Sie die Begriffe in ▶**D3** auf Begriffskärtchen schreiben und zu einer sinnvollen Struktur legen (▶**M13**, Seite 103). Arbeiten Sie in Partner- oder Gruppenarbeit und übertragen Sie die Strukturskizze zur Ergebnissicherung in den freien Rahmen.

5 Boris diskutiert mit seinen Eltern folgende Fragen. Zu welchen Ergebnissen könnten sie kommen? Halten Sie die Ergebnisse schriftlich fest.

5 1 Welche Ziele könnte die Regierung verfolgen, wenn sie Steuersenkungen oder Subventionen an Familien (z. B. höheres Kindergeld oder Mietzuschuss) beschließt?

_____

_____

_____

_____

_____

_____

5 2 Welche negative Auswirkung für den Staat und damit auch für die Gesamtwirtschaft könnte mit einer Steuersenkung verbunden sein?

_____

_____

_____

_____

_____

5 3 Welche Ziele könnte die Regierung verfolgen, wenn sie Steuererhöhungen oder das Streichen von Subventionen beschließt?

_____

_____

_____

_____

_____

6 Betrachten Sie unsere Ausgangssituation. Boris möchte wissen, wie sich eine Steuersenkung auf verschiedene Bereiche auswirken könnte. Helfen Sie ihm dabei, indem Sie die Tabelle ergänzen. Die Steuersenkung wirkt sich aus auf …

… sein Einkommen:	
… sein Nachfrageverhalten:	
… das BIP:	
… die Beschäftigungslage:	
… die allgemeine Wirtschaftslage:	

DATENKRANZ ≣

D1 Informationstext

Gesamte Nachfrage einer Volkswirtschaft und Auswirkung auf die Konjunktur

In einer Volkswirtschaft (einem Land) werden Güter und Dienstleistungen von sehr vielen Akteuren nachgefragt.

Da sind einmal die Verbraucher, die Güter und Dienstleistungen für ihren privaten Konsum nachfragen. Weil sie Konsumgüter nachfragen, werden sie auch Konsumenten genannt. Konsumgüter sind z. B. die Lebensmittel, die sie täglich auf Märkten, direkt bei Bauern oder in Supermärkten kaufen. Oder sie kaufen sich neue Mobiltelefone oder Autos. Auch die Inanspruchnahme von Dienstleistungen, wie der neue Haarschnitt oder der Abschluss einer Haftpflichtversicherung fallen unter die Konsumgüternachfrage. Der Umfang der nachgefragten Güter hängt wesentlich von den Bedürfnissen der Konsumenten und den Modetrends, aber auch von der Höhe der Einkommen und den Preisen für die gewünschten Güter ab. Auch sichere Arbeitsplätze und gute wirtschaftliche Aussichten regen die Konsumenten zur Nachfrage an.

▶

Auch staatliche Einrichtungen, also der Staat, treten als Nachfrager nach Gütern und Dienstleistungen auf. Das Bundesverkehrsministerium beauftragt beispielsweise ein Bauunternehmen, um eine Autobahn zu sanieren. Oder der Gemeinderat einer Stadt beschließt die Neuanschaffung eines Feuerwehrautos, die Renovierung einer Schule oder die Anschaffung neuer PCs für den Unterricht. Auch der Bau von Brücken, Krankenhäusern oder die Anschaffung von Waffen für die Bundeswehr gehören zur Staatsnachfrage. Die Staatsnachfrage hängt natürlich sehr stark von der Höhe der Steuereinnahmen ab. Aber auch politische Ziele der regierenden Parteien spielen eine große Rolle. Wenn z. B. in Wahlkämpfen höhere Staatsausgaben versprochen wurden, um die Straßen zu sanieren oder die Bildung zu verbessern, so wirkt sich dies auf die Ausgaben ebenso aus wie die Absicht, Arbeitslosigkeit zu bekämpfen.

Unternehmen, z. B. Industriebetriebe, Handwerker und Gewerbetreibende, Banken, Freiberufler usw. treten ebenfalls als Nachfrager nach Gütern und Dienstleistungen auf. Sie kaufen Maschinen für die Produktion, Fahrzeuge und Werkzeuge für ihre Handwerksbetriebe oder sie nehmen Dienste von Spediteuren und Versicherungsunternehmen in Anspruch. Diese Nachfragearten sind für die Unternehmen Investitionen und werden daher auch Investitionsgüternachfrage genannt. Unternehmen investieren meist nur, wenn sie gute Gewinnaussichten haben, wenn also ihre Auftragsbücher gut gefüllt sind. Nationale und internationale Konkurrenz kann ebenfalls Investitionen anregen. Aber auch veraltete Produktionsanlagen (technischer Fortschritt) oder staatliche Zuschüsse können ein Anreiz für Investitionen sein.

Wenn ausländische Unternehmen bei uns in Deutschland Güter und Dienstleistungen kaufen, so bedeutet das, wir exportieren unsere Güter und Dienstleistungen. Man spricht von der Auslandsnachfrage (Exportgüternachfrage) oder kurz vom Export. Das können die von Schweizer Autohäusern in Deutschland bestellten Fahrzeuge genauso sein wie Maschinen, die chinesische Industriebetriebe kaufen oder die von italienischen Touristikbüros während des Oktoberfestes reservierten Zimmer in Münchner Hotels. Deutsche Güter sind im Ausland dann sehr begehrt, wenn sie eine hohe Qualität bieten und den Geschmack der ausländischen Konsumenten treffen oder preislich attraktiv sind. Nicht selten müssen Güter auch in anderen Ländern gekauft werden, weil sie nicht im eigenen Land vorhanden sind.

Diese vier Nachfragegruppen bilden die Gesamtnachfrage einer Volkswirtschaft (eines Landes). Sie sind die vier Komponenten der volkswirtschaftlichen Gesamtnachfrage.

Grundsätzlich wirkt sich eine steigende Nachfrage positiv auf die Auftragseingänge der Unternehmen aus. Es muss mehr produziert werden, folglich steigt das Bruttoinlandsprodukt. Und es werden mehr Menschen beschäftigt, also nimmt die Arbeitslosigkeit ab. Geht die Nachfrage zurück, ergibt sich der umgekehrte Effekt: die Auftragseingänge schrumpfen, es muss weniger produziert werden. Eventuell werden sogar Mitarbeiter entlassen, es entsteht Arbeitslosigkeit. Und das BIP steigt weniger schnell oder schrumpft sogar.

D2 Begriffe für die Strukturskizze Auftrag 3.4

Konsumgüternachfrage	Exportgüternachfrage

Auftragseingänge bei den Unternehmen

Arbeitslosigkeit sinkt	Auftragseingänge gehen zurück
Staatsnachfrage	BIP steigt (»Wirtschaft wächst«)
Auftragseingänge steigen	Bruttoinlandsprodukt (BIP)
Arbeitslosigkeit steigt	BIP sinkt (»Wirtschaft schrumpft«)
Investitionsgüternachfrage	Arbeitslosigkeit

- Steuereinnahmen
- wirtschaftspolitische Ziele
- Wahlversprechen
- Notwendigkeit

- Auftragslage
- Gewinnerwartung
- Notwendigkeit von Gütern
- staatliche Förderung
- Höhe der Steuern

- Qualität der Güter
- Preise
- Vorhandensein von Gütern
- Bedürfnisse
- Zölle

- Einkommen
- Güterpreise
- Bedürfnisse
- wirtschaftliche Aussichten
- Steuern und Transferleistungen

D3 Begriffe für die Strukturlegeaufgabe 4

z. B. Einkommensteuer	Nachfragesteigerung	Sparzinsen
Zusatzeinkommen	Konjunkturaufschwung	Steuersenkung
Überstunden	Wirtschaftswachstum	staatliche Steuerpolitik
Lohnerhöhung	Tarifvertrag	höheres Einkommen
geringere Sozialversicherungsbeiträge	staatliche Transferleistungen, z. B. Kindergeld	

Kompetenzbereich IV
Entscheidungen im Rahmen einer beruflichen Selbstständigkeit treffen

Lernsituationen

LS 1   Motive einer hauptberuflichen Selbstständigkeit   69

LS 2   Geschäftsplan   75

LS 3   Rechtsformen   81

LS 4   Kapitalbedarfsplan   86

IV Lernsituation 1

Motive einer hauptberuflichen Selbstständigkeit

Ralf Möller hat seine Ausbildung zum Koch abgeschlossen und arbeitet seit einem halben Jahr als Jungkoch in einem Hotelrestaurant. Ralf trifft sich mit zwei alten Freunden aus gemeinsamen Schulzeiten wieder. Tarek Anand hat seine Ausbildung zum Einzelhandelskaufmann gerade beendet, während Ines Weber nach ihrem Abitur zunächst eine Weltreise gemacht hatte. In einem Café sitzend, schwärmt Ines vor allem von Asien:

Ines: Besonders beeindruckt haben mich diese zahlreichen Garküchen, wo vor deinen Augen frisch, authentisch und gar nicht mal teuer gekocht wird. Dann steht oder sitzt man unter freiem Himmel und kommt beim Essen mit anderen Menschen ins Gespräch. Das ist cool.

Ralf: Ja, ich finde diese Art zu essen auch super. Dieser Trend ist auch bei uns im Kommen: Streetfood-Märkte und auch Food Trucks sind schwer angesagt, und zwar nicht nur in den großen Städten wie Hamburg oder Berlin, es gibt auch in kleineren Städten und Regionen Beispiele, wo Streetfood erfolgreich funktioniert. Schaut Euch mal hierzu den Zeitungsartikel an.

Ralf zeigt Ines und Tarek den Artikel auf seinem Smartphone:

Freiburg hat seinen ersten »Food Truck«

In Amerika gibt es sie schon lange, in Deutschland werden sie gerade bekannt – und Freiburg hat auch schon einen: einen Food Truck. Doch die hippen Imbisse haben ein Problem: Gute Standplätze sind in Freiburg schwer zu finden.

Seit Mai vergangenen Jahres stehen Anika Mundinger und Geoff de Forest mit ihrem »Holy Taco Shack« auf dem Wochenmarkt im Rieselfeld. Aus einem aufwendig umgebauten Imbisswagen heraus verkaufen sie echtes mexikanisches Essen: alles frisch zubereitet, alles selbst gemacht, mit mexikanischer Tortillapresse und grüner Sauce aus selbst gezogenen Tamarillos. Schmeckt toll – so gar nicht nach Fastfood, obwohl es das ist.

»Street Food«, nennt es Geoff de Forest, gebürtiger US-Amerikaner. In Amerika gibt es das schon lange, in Deutschland wird es gerade bekannt. Ob veredelte Imbissbuden, umgebaute Transporter oder umgewidmete VW-Busse; Food Trucks gibt es inzwischen in vielen Städten.

Der Name ist meist Programm: »Guerilla Gröstl« brutzelt in Nürnberg, »Möhren Milieu« serviert Suppe in Mainz, »Erna & Co.« verkauft Maultaschen in Stuttgart und »Heißer Hobel« Kässpatzen in Berlin. Von normalen Imbissen unterscheiden sie sich im Aussehen, im Marketing und oft auch in der Qualität.

Tarek: Vielleicht wäre das etwas für uns. Wir drei machen uns selbstständig mit einem Food Truck. Das ist besser als ein langweiliger Bürojob; wir arbeiten für uns und nicht für Andere, von denen wir abhängig sind. Lasst uns diese Idee doch mal weiterspinnen.

Ralf: Ich weiß nicht, kochen kann ich ja, aber deswegen muss ich noch lange kein guter Unternehmer sein. Aber wir sind zu dritt, kennen uns gut und du Tarek kannst dann ja mal zeigen, was du als Kaufmann so drauf hast.

Ines: Ja, und wenn das Teil läuft, haben wir nicht nur Spaß dabei, sondern verdienen dabei auch gutes Geld.

1 Beschreiben Sie die Motive der Existenzgründer, sich selbstständig zu machen.

Motive der drei Existenzgründer:		
Ines	**Tarek**	**Ralf**

2 Ines, Tarek und Ralf finden im Internet einen Gründertest und wollen herausfinden, ob sie das Zeug zum Unternehmer haben.
Finden Sie auch für sich heraus, ob Sie ein Unternehmertyp sind, indem Sie die Checkliste, Seite 71, ausfüllen und auswerten.

3 Erstellen Sie für die drei Existenzgründer eine Checkliste von Anforderungen, die einen Unternehmer auszeichnen sollten. Nutzen Sie hierzu die Informationen aus dem Selbsttest aus Auftrag 2 sowie dem Datenkranz ▶D1 und ▶D2.

Welche Voraussetzungen sollte ein Unternehmer haben?	
persönliche Voraussetzungen	fachliche Voraussetzungen

Sind Sie ein »Unternehmertyp«?

Die Checkliste hilft Ihnen dabei, festzustellen, ob Sie ein »Unternehmertyp« sind oder nicht. Je öfter Sie mit »Ja« antworten, desto eher erfüllen Sie die Voraussetzungen für eine erfolgreiche Existenzgründung. Weitere Gründertests finden Sie unter www.existenzgruender.de.

Antriebsstärke

	Eher ja	Eher nein
Sind Sie begeisterungsfähig?	☐	☐
Sind Sie entscheidungsfreudig?	☐	☐
Nehmen Sie Herausforderungen gerne an?	☐	☐
Sind Sie hartnäckig, wenn es um Ihre Sache geht?	☐	☐

Unabhängigkeit

	Eher ja	Eher nein
Sind Sie jemand, der gerne die Initiative ergreift?	☐	☐
Geht es Ihnen eher gegen den Strich, wenn Ihnen jemand sagt, was Sie zu tun haben?	☐	☐
Genießen Sie es, selber entscheiden zu dürfen?	☐	☐
Haben Sie eigene Ziele, die Sie erreichen wollen?	☐	☐

Risikobereitschaft

	Eher ja	Eher nein
Sind Sie ein optimistischer Mensch?	☐	☐
Sind Sie bereit, Risiken einzugehen, wenn Sie etwas erreichen wollen?	☐	☐
Kommen Sie gut über Frustrationen hinweg?	☐	☐
Hätten Sie als Unternehmer/-in Angst davor zu scheitern?	☐	☐
Sind Sie bereit, als Selbstständige/-r auf ein sicheres und regelmäßiges Einkommen zu verzichten?	☐	☐

Kreativität

	Eher ja	Eher nein
Fällt es Ihnen leicht, neue Ideen zu entwickeln?	☐	☐
Denken Sie: Es gibt für jedes Problem eine Lösung?	☐	☐
Finden Sie Routine auf Dauer langweilig?	☐	☐

Kontakt

	Eher ja	Eher nein
Fällt es Ihnen leicht, mit fremden Menschen ins Gespräch zu kommen?	☐	☐
Können Sie sich gut gegen andere durchsetzen?	☐	☐
Übernehmen Sie gerne Verantwortung?	☐	☐
Können Sie sich gut auf andere Menschen einstellen?	☐	☐
Können Sie andere begeistern?	☐	☐

Leistung

	Eher ja	Eher nein
Sind Sie ehrgeizig?	☐	☐
Sind Sie ein/-e disziplinierte/-r Arbeiter/-in?	☐	☐
Kommen Sie mit Stresssituationen gut zurecht?	☐	☐
Wären Sie bereit, als Selbstständige/-r 60 Stunden und mehr in der Woche zu arbeiten?	☐	☐

Auswertung

Für ein »eher ja« gibt es 1 Punkt, für ein »eher nein« 0 Punkte. Addieren Sie Ihre Punktzahl.

0 bis 10 Punkte
Sie sind wahrscheinlich nicht die geborene Unternehmerin oder der geborene Unternehmer. Wahrscheinlich sind Sie als Angestellte/-r zufriedener.

11 bis 20 Punkte
Das Ergebnis fällt für Sie nicht eindeutig aus. Die geborene Unternehmerin oder der geborene Unternehmer sind Sie wahrscheinlich nicht. Aber Sie zeigen schon eine ganze Reihe von Eigenschaften, die man als Unternehmer/-in gut gebrauchen kann.

21 bis 25 Punkte
Gratuliere: Sie scheinen viel von einer Unternehmerperson zu haben. Wenn Sie mit dem Gedanken spielen, sich tatsächlich selbstständig zu machen, sollten Sie sich gut über den Weg dorthin informieren.

In Zusammenarbeit mit: Prof. Dr. Günter F. Müller, Universität Koblenz-Landau

Quelle: Starthilfe: Der erfolgreiche Weg in die Selbstständigkeit, Bundesministerium für Wirtschaft und Energie, August 2018

4 Ines, Tarek und Ralf überlegen, was für und was gegen den Sprung in die Selbstständigkeit der drei Gründer spricht. Unterstützen Sie die drei Existenzgründer und erstellen Sie hierzu eine Tabelle. Nutzen Sie die Informationen aus der Ausgangssituation sowie dem Datenkranz ▶D3.

Argumente für den Sprung in die Selbstständigkeit	Argumente gegen den Sprung in die Selbstständigkeit

DATENKRANZ ☰

D1 **Eigenschaften erfolgreicher Unternehmer**

Was Sie mitbringen sollten

Wer ein eigenes Unternehmen gründen will, muss einige notwendige Voraussetzungen mitbringen. Grundsätzlich sollte jeder, der ein Unternehmen aufbauen möchte, Spaß an der Sache, an der Gründung sowie der Branche haben. Interesselose Menschen werden kläglich scheitern, wenn sie eine Selbstständigkeit anstreben. Zahlreiche Menschen sehen eine Existenzgründung als letzten Ausweg aus der Arbeitslosigkeit an. Oftmals müssen sich Existenzgründungsberater die Frage anhören: Was könnte ich denn gründen? Stellt jemand eine solche Frage, wird es nie zu einer erfolgreichen Unternehmensgründung kommen, sondern bei einer Illusion bleiben.

Psychische Voraussetzungen und Ausdauer

Eine hohe psychische Stabilität der Persönlichkeit ist eine unentbehrliche Voraussetzung, egal um welche Art von Gründung es sich handelt. Menschen mit einem schwachen Selbstwertgefühl sind kaum dazu in der Lage, Perspektiven zu schaffen. Wer sich übermäßig viele Erfolgserlebnisse im Laufe der Selbstständigkeit wie bei der Unternehmensgründung erhofft, der täuscht sich. Im Laufe der selbstständigen Tätigkeit geht es abwechselnd bergauf und bergab. Nur Menschen mit einem guten Selbstwertgefühl können die zahlreichen Probleme und Niederschläge, die immer mal wieder zu bewältigen und auszuhalten sind, gut verkraften.

Es muss keine außergewöhnliche Idee sein, um ein eigenes Unternehmen zum Erfolg zu führen. Auch eine vergleichsweise mittelmäßige Geschäftsidee kann früher oder später zu einem mindestens mäßigen Erfolg führen. Es hängt immer vom jeweiligen Gründer ab. Ganz schnelle Erfolge sind ohnehin selten. Ausdauer ist bei einer Existenzgründung ein sehr wichtiges Kriterium. Stellt man sich beispielsweise die Frage, wie oft man gewisse Gewohnheiten, Hobbys, Jobs, Interessen oder Partner wechselt und immer dann aufgibt, wenn es schwierig wird, so sind dies gute vergleichbare Beispiele. Je unruhiger das bisherige Leben verlaufen ist, desto unwahrscheinlicher ist es, dass man auch bei dem eigenen Unternehmen eine ausreichende Ausdauer aufbringen kann.

Konflikt- und Entscheidungsfähigkeit

Konfliktfähigkeit ist eine der wichtigsten Voraussetzungen für ein eigenes Unternehmen. Konflikte werden immer auftreten. Die Aufgabe des Unternehmers ist es, dabei dennoch optimistisch und positiv zu bleiben. Es gibt viele Menschen, die Konflikte scheuen und sich lieber einen Frieden erhalten möchten. Um dies zu erreichen, gehen sie lieber zurück und stoßen früher oder später auf eine Wand im Rücken. Natürlich bedeutet die Fähigkeit, mit Konflikten zu leben, nicht, Konflikte zwingend zu suchen. Eine zu große Aggressivität ist auch nicht förderlich. Dennoch ist man damit erfolgreicher als mit einer grundsätzlichen Konfliktscheue.

Der Faktor Zeit spielt im Business eine wesentliche Rolle. Wer also nicht entscheidungsfreudig ist, sondern gern zögert, wird damit ein großes Problem bekommen. Fehlt die Zeit, kann sich dies negativ auf Kundenbeziehungen und letztlich den Erfolg des Unternehmens auswirken.

Durchsetzungsvermögen und Flexibilität

Ein Unternehmer, der ein eigenes Unternehmen führt, muss ein bestimmtes Maß an Durchsetzungskraft haben. Er muss dazu in der Lage sein, zu überzeugen. Sowohl Mitarbeiter als auch Kunden wird dies von seiner Qualifikation überzeugen. Ist er unsicher, wird er nicht ernst genommen und dies wäre für einen Unternehmer fatal. Für jeden Unternehmer besteht eine zeitliche Flexibilität. Auf jeden Fall muss man für sein eigenes Unternehmen bereit sein, Arbeit und Zeit zu vermischen. Die eigene Disziplin darf ein Unternehmer niemals aus dem Auge verlieren, ebenso aber auch, die eigene Freizeit zu genießen.

Quelle: https://www.berufsstrategie.de/nachrichten-jobwelt-bewerbung/unternehmer-skills.php (redaktionell geändert)

D2 **Probleme bzw. Defizite von Existenzgründern**

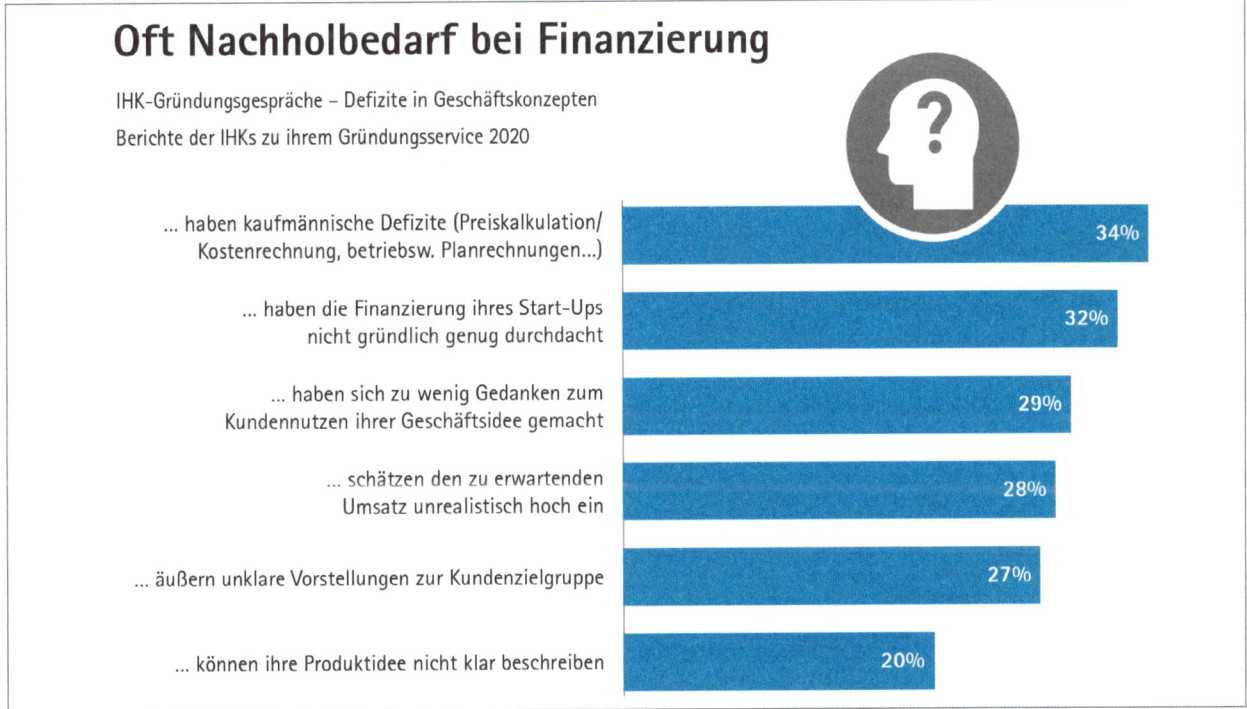

Oft Nachholbedarf bei Finanzierung

IHK-Gründungsgespräche – Defizite in Geschäftskonzepten
Berichte der IHKs zu ihrem Gründungsservice 2020

... haben kaufmännische Defizite (Preiskalkulation/ Kostenrechnung, betriebsw. Planrechnungen...) — 34%

... haben die Finanzierung ihres Start-Ups nicht gründlich genug durchdacht — 32%

... haben sich zu wenig Gedanken zum Kundennutzen ihrer Geschäftsidee gemacht — 29%

... schätzen den zu erwartenden Umsatz unrealistisch hoch ein — 28%

... äußern unklare Vorstellungen zur Kundenzielgruppe — 27%

... können ihre Produktidee nicht klar beschreiben — 20%

Quelle: DIHK-Report Unternehmensgründung 2021

D3 Chancen und Risiken der beruflichen Selbstständigkeit

Chancen der beruflichen Selbstständigkeit

- **Umsetzung einer Geschäftsidee**

  In einer Umfrage der Kreditanstalt für Wiederaufbau (KfW) gab knapp die Hälfte der Gründer an, dass sie mit ihrer Selbstständigkeit die eigene Geschäftsidee realisieren wollen. Den Wunsch, sich damit selbst zu verwirklichen, sehen die Gründer als große Chance an.

- **Unabhängigkeit**

  Die Chance, Dinge anders, besser oder schneller zu machen und sich dabei nicht reinreden zu lassen, ist für viele Menschen ein starkes Motiv für die berufliche Selbstständigkeit.

- **Erzielung eines leistungsgerechten Einkommens**

  Ist die Geschäftsidee wirtschaftlich tragfähig, erwarten die Existenzgründer, dass die Geschäftsidee zu einem hohen und vor allem leistungsgerechten Einkommen führt.

- **Wertschätzung in der Gesellschaft**

  Die klein- und mittelständischen Unternehmen genießen in der öffentlichen Wahrnehmung ein hohes Ansehen, da sie Arbeitsplätze schaffen und innovative Ideen verwirklichen. Nach einer Studie des Instituts für Mittelstandsforschung von 2018 stellen mittelständische Unternehmen knapp 60 % aller sozialversicherungspflichtigen Arbeitsplätze und mehr als 80 % der Ausbildungsplätze, sodass die Vielzahl der kleinen und mittleren Betriebe einen wichtigen Beitrag zur wirtschaftlichen Stabilität leisten.

Risiken der beruflichen Selbstständigkeit

- **Hohe Verantwortung**

  Hohem Ansehen aufgrund des Schaffens von Arbeitsplätzen steht das Risiko gegenüber, Verantwortung für die Mitarbeiter und deren Familien zu tragen. Hinzu kommt die Verantwortung gegenüber der eigenen Familie, wenn die Selbstständigkeit scheitert.

- **Arbeitsbelastung**

  Insbesondere in den ersten Geschäftsjahren ist die Arbeitsbelastung durch die Gründung, den Aufbau des Geschäftes sowie die Gewinnung und die Pflege von Kunden, den Aufbau von Lieferantenbeziehungen, die Sicherstellung der Liquidität und Finanzierung des Unternehmens usw. enorm hoch. Auch psychische Belastungen in der Gründungsphase, die nicht selten von Existenzängsten geprägt ist, sind möglich. Der Existenzgründer und seine Familie sollten sich daher bewusst sein, dass diese Belastungen auf sie zukommen könnten.

- **Einkommens- und Vermögensverlust**

  Vor allem bei Existenzgründungen aus dem Angestelltenverhältnis heraus wird eine sichere Einkommenssituation durch eine unsichere abgelöst. Werden die geplanten Umsätze und Gewinne nicht erreicht, drohen Einkommens- und Vermögensverluste bis hin zur Insolvenz des Unternehmens.

- **Verlust der sozialen Sicherung**

  Die Arbeitskraft des Existenzgründers ist sein wichtigstes Kapital. Kann der Existenzgründer durch Unfall oder Krankheit nicht mehr oder nur eingeschränkt arbeiten, droht die Selbstständigkeit zu scheitern. Häufig werden im Gründungsstress Maßnahmen zur sozialen Absicherung vergessen. Dabei ist es auch für den Selbstständigen notwendig, eine Kranken-, Unfall- und Berufsunfähigkeitsversicherung abzuschließen. Außerdem sollte der Existenzgründer Maßnahmen zur Altersvorsorge treffen, z. B. durch Abschluss einer privaten Rentenversicherung.

IV Lernsituation 2

Geschäftsplan

Ines, Ralf und Tarek haben sich entschieden und wollen sich mit einem Food Truck selbstständig machen.

Ralf hat als Koch Folgendes vorgeschlagen: Das Highlight des Food Trucks ist Pulled Pork. Dabei wird Schweinefleisch auf niedriger Temperatur sehr langsam gegart. Die vor dem Garen zugegebenen Würzsaucen geben dem Fleisch seinen Geschmack, das langsame Garen sorgt für intensive Aromen und sehr zartes Fleisch, welches dann im Sandwich oder Burgerbrötchen serviert wird.

Angeboten wird Pulled Pork American- und Asia-Style. Die dazu gereichten Saucen werden selbst hergestellt. Die Saucenauswahl besteht aus Classic-BBQ, und einer asiatisch süß-scharfen Sauce sowie entsprechenden Beilagen. Eine vegetarische Variante könnte mit gegrilltem Gemüse, einer leichten Joghurtsauce und frischen Kräutern das Angebot ergänzen.

Ines hatte die Idee, dass sie sich mit dem Food Truck eigene Hot Spots für die Mittagspause suchen. Hier kämen Gewerbegebiete oder Standorte auf Märkten in der Innenstadt infrage. An Streetfood-Festivals und Streetfood-Märkten könnte man ebenfalls teilnehmen. Außerdem kann ihr Food Truck für private Feiern wie Hochzeiten oder für Unternehmensevents gebucht werden.

Die drei Freunde treffen sich, um ihre Idee weiter zu entwickeln.

Ines: Also, ein komplett neu eingerichteter Truck mit dem, was wir so brauchen, ist vielleicht gar nicht nötig. Schaut mal. Hier wird ein zwei Jahre alter Food Truck mit kompletter Einrichtung für 60.000 EUR angeboten.

Ralf: Hui, das ist ne Menge Holz. Da müssen wir mal schauen, woher wir das Geld bekommen. Wenn wir überzeugend sind, dann können wir bestimmt auch die Bank dazu bringen, uns einen Kredit zu geben.

Ines: Es ist natürlich super, dass wir mit dem Food Truck ziemlich flexibel sind und da hinkönnen, wo was los ist. Aber einfach so drauflosfahren und irgendwo auf Gäste warten, ist nicht sinnvoll. Wir müssen uns Gedanken über den Standort machen. Der Standort wird entscheidend für unseren Erfolg sein.

Tarek: Ich finde, wir sollten unsere Ideen auch mal ordnen. Lasst uns einen Plan machen, bei dem wir unser Konzept präzise darstellen. Das ist wichtig, damit uns allen klar ist, worauf wir uns einlassen und an was wir noch denken müssen. Und wenn wir hinter diesem Plan stehen, dann können wir auch andere davon überzeugen, uns zu unterstützen.

1 Helfen Sie den drei Existenzgründern bei der Erstellung eines Geschäftsplans (Businessplan). Der Geschäftsplan sollte enthalten:

- die Formulierung der Geschäftsidee,
- eine nähere Beschreibung des Angebots, und was das Angebot von anderen unterscheidet (Alleinstellungsmerkmal),
- eine Beschreibung der Kunden und möglichen Konkurrenten.

Verwenden Sie hierzu die Informationen aus der Ausgangssituation sowie aus Datenkranz ▶D1.

Formulierung der Geschäftsidee

_____

_____

_____

Beschreibung des Angebotes und Alleinstellungsmerkmal

_____

_____

_____

_____

_____

_____

_____

_____

Beschreibung der Kunden und möglichen Konkurrenten

_____

_____

_____

_____

_____

_____

_____

_____

_____

2 Die drei Existenzgründer wollen bei der Wahl des Standortes keinen Fehler machen. Tarek findet im Internet ein Informationsblatt des Ministeriums für Finanzen Baden-Württemberg über harte und weiche Standortfaktoren (▶D2).
Wählen Sie diejenigen Standortfaktoren aus, die für die Existenzgründung eines Food Trucks bedeutsam sind. Begründen Sie Ihre Auswahl.

Standortfaktor	Begründung

3 Ein Freund, der eine eigene Unternehmensberatung betreibt, überlässt den drei Gründern zu einem Freundschaftspreis eine Standortanalyse für den Einsatz ihres Food Trucks (▶D3).
Erstellen Sie auf Grundlage dieser Standortanalyse eine Nutzwerttabelle und bringen Sie damit die angegebenen Standorte in eine Reihenfolge. Ein Beispiel für die Lösungstabelle finden Sie in ▶D4.

Standortanalyse für die Geschäftsführung

Standorte	A			B			C		
Standortfaktoren	GZ	BZ	GZ · BZ	GZ	BZ	GZ · BZ	GZ	BZ	GZ · BZ
Veranstaltungsort									
Lage									
Termin									
Vegetarier-/Veganer-Anteil									
Standgebühr je Truck in EUR									
Abfallentsorgung									
Parkplätze für Besucher									
Begleitprogramm									
Summe									

D1 Geschäftsplan (Businessplan)

Der **Geschäftsplan (Businessplan)** ist eine zusammenfassende Darstellung des Gründungsvorhabens. Er beinhaltet u. a. die **Geschäftsidee** sowie weitere Inhalte wie die Beschreibung des Angebotes, die Analyse der Kunden und Konkurrenz sowie die Darstellung von Alleinstellungsmerkmalen, um sich von der Konkurrenz abzuheben.

Mit dem Geschäftsplan sollen vor allem potenzielle Geldgeber, aber auch Kunden, Lieferanten und Mitarbeiter angesprochen werden. Auch für den Existenzgründer selbst ist der Geschäftsplan sinnvoll, da er hilft, die Geschäftsidee in eine strukturierte Form zu überführen und der Gründer so gezwungen wird, konkret zu planen, wie seine Idee zum Erfolg werden könnte.

Die folgende Tabelle zeigt wichtige Bestandteile eines Geschäftsplans, verbunden mit Hinweisen zur Erarbeitung der Inhalte.[1]

1 Vgl. Broschüre Starthilfe: Der erfolgreiche Weg in die Selbständigkeit, herausgegeben vom Bundesministerium für Wirtschaft und Energie, August 2018

Bestandteile	Inhalt	Hinweise/Tipps
Geschäftsidee	Hier muss klar und präzise hervorgehen, was der Existenzgründer überhaupt tun will. Ebenso müssen hier die kurz- und langfristigen Unternehmensziele beschrieben werden.	Besonders herausgearbeitet werden muss das **Alleinstellungsmerkmal der Geschäftsidee:** Was kann man besser machen als der Wettbewerber? Worin bestehen Unterschiede zu bisherigen Angeboten am Markt? Wie lässt sich die Geschäftsidee weiterentwickeln?
Beschreibung des Angebotes	Das Produkt bzw. die Dienstleistung sollte mit einfachen Worten beschrieben werden, insbesondere technologieorientierte Dienstleistungen oder Produkte sollten verständlich beschrieben sein, sodass die Geldgeber verstehen, worum es geht.	Fachausdrücke oder technische Details sind zu vermeiden. Fotos oder Zeichnungen können komplexe Produkte oder Dienstleistungen veranschaulichen. Patente, Rechte, Lizenzen oder Verträge sollten im Anhang des Geschäftsplans beigefügt sein.
▪ **Kunden**	Hier sollten potenzielle Kunden für das Angebot genannt und das Produkt oder die Dienstleistung aus Sicht der Kunden beschrieben werden, sodass deutlich wird, warum Kunden gerade dieses Produkt kaufen sollten.	Welcher Nutzen wird geboten? Hierzu sind Vergleiche mit Wettbewerbsprodukten wichtig. Ergänzende Recherchen zur möglichen Entwicklung des Marktes sind ebenfalls notwendig. Hier könnten Banken, Kammern und Verbände der jeweiligen Branche weiterhelfen.
▪ **Konkurrenz**	Die wichtigsten Konkurrenten sind aufzuführen.	Hilfreich ist eine Recherche im Internet. Als Konkurrenten können auch Unternehmen mit ähnlichen Angeboten auftreten.
Standort	Die Standortwahl ist ausführlich zu begründen. Sie kann entscheidend für den Unternehmenserfolg sein. Die Vor- und Nachteile des Standortes und eventuelle Alternativen sollten dargestellt werden.	Es existiert eine Vielzahl gewerbe- und baurechtlicher Verordnungen und Gesetze, die zum Teil nicht bundeseinheitlich geregelt sind. Hier helfen das Bauplanungsamt und die Kammern vor Ort weiter.
Marketing	Die Marketingstrategie muss klar beschrieben werden. Es ist deutlich zu machen, wodurch sich das Angebot von der Konkurrenz abhebt, welches Preissegment man anstrebt und wie man Kunden werblich anspricht und davon	▪ Welchen besonderen Nutzen hat das Angebot für die Kunden (z. B. ein besonderer Service oder Ersatzteildienst)? ▪ Wie hoch ist der Preis (z. B. besonders günstiger Preis durch niedrige Kosten im Unternehmen oder hoher Preis aufgrund besonderer Qualität)?

▶

▶

Bestandteile	Inhalt	Hinweise/Tipps
	überzeugt, das eigene Produkt und nicht das der Konkurrenz zu kaufen.	• Über welchen Vertriebsweg werden die Kunden erreicht? • Mithilfe welcher Werbemaßnahmen werden die Kunden informiert?

D2 Informationsblatt Standortfaktoren

Was sind Standortfaktoren?

Standortfaktoren sind im Allgemeinen Eigenschaften, die die Attraktivität eines Platzes, einer Kommune oder einer ganzen Region für ein Unternehmen bestimmen. Nicht nur für Unternehmen, die schon angesiedelt sind, sondern auch für Unternehmen, die sich ansiedeln wollen, ist die Qualität eines Standortes entscheidend. Wenn es also gelingt, die Qualität eines Standortes zu verbessern, können damit jetzt schon bestehende Unternehmen gehalten und neue Unternehmen angelockt werden.

Welche Arten von Standortfaktoren gibt es?

Harte Standortfaktoren

Die harten Standortfaktoren können mit konkreten Daten gemessen werden. Beispiele sind die Verkehrsinfrastruktur, soziodemografische Merkmale, politisch-administrative Vor- und Nachteile oder Lagebeziehungen zu anderen Orten.

Wichtigste harte Standortfaktoren sind:
- Verkehrsanbindung (Straße, Schiene, Wasser, Luft)
- Arbeitsmarkt (qualitativ und quantitativ)
- Flächenangebot (Größe, Zuschnitt des Grundstücks, Grundstückspreise und Altlasten)
- Lage zu den Bezugs- und Absatzmärkten
- Energie- und Umweltkosten
- lokale Steuern und Abgaben
- Förderangebote (Subventionen, Befreiung von lokalen Steuern und Abgaben, Investitionszulagen)

Weiche Standortfaktoren

Die weichen Standortfaktoren können nicht oder nur sehr schwer mit konkreten Daten gemessen werden. Bei ihnen spielen subjektive Kriterien eine große Rolle. Allerdings haben sie eine große Bedeutung für die Wahl eines Standortes eines Unternehmens, weil in Baden-Württemberg alle harten Standortfaktoren im Großen und Ganzen gleich sind. Es gibt aber auch viele Branchen, die nicht mehr an einen bestimmten Ort gebunden sind. Deshalb fallen Unterschiede bezüglich mancher Standorte nicht mehr ins Gewicht.

Wichtigste weiche Standortfaktoren sind:
- Wirtschaftsklima einer Kommune bzw. einer Region: Wie schnell und gut werden Anfragen beantwortet und Anträge bearbeitet? Gibt es eine wirtschaftliche Kompetenz? Gibt es eine Offenheit und Gastfreundlichkeit seitens wichtiger Institutionen? Werden Unternehmen unterstützt?
- Image der Kommune, der Region in Form von objektiv und subjektiv bestimmter Außenwahrnehmung
- Branchenkontakte: Sind gleiche, verwandte oder unterstützende Branchen und Zulieferer vorhanden? Gibt es Kommunikations- und Kooperationsmöglichkeiten?
- Hochschul- und Forschungseinrichtungen
- Innovatives Klima: Informationsfluss zwischen Unternehmen mit Forschungs-, Entwicklungs- und Ausbildungseinrichtungen
- Wirtschaftsverbände und ihre Leistungsfähigkeit
- Qualität des Wohnens
- Qualität des Wohnumfeldes
- Qualität von Schulen
- Qualität von Ausbildungseinrichtungen
- Qualität der sozialen Infrastruktur
- Qualität der Umwelt
- Freizeitwert in Form von kulturellen Angeboten, Freizeitangeboten, Sport
- Reiz der Stadt und der Region

Quelle: https://www.existenzgruender.de/DE/Gruendung-vorbereiten/Gruendungswissen/Standort/inhalt.html

D3 Standortanalyse

Standort / Standortkriterien	A	B	C	D	E	F	G
Veranstaltungsort	in Markthalle	vor und in Kulturhalle	Gelände Kulturbrauerei	vor Club	abgesperrte Straße	oberste Ebene Parkhaus	Park
Lage	Innenstadt	Industriegelände	neben Bahngelände	Industriegebiet	Wohn-/ Gewerbegebiet	Gewerbegebiet	Wohngebiet
Indoor	ja	ja	nein	nein	nein	nein	nein
Outdoor	nein	ja	ja	ja	ja	ja	ja
Aufwärmmöglichkeiten	ja	nein	ja	nein	nein	nein	ja
Termin	einmal je Woche, Donnerstag, 17:00–22:00 Uhr	Sonntag, ab 12:00 Uhr	jeden 2. Sonntag im Monat, ab 12:00 Uhr	Freitag, alle 14 Tage, 11:30–17:30 Uhr	alle 14 Tage freitags, 11:30–17:30 Uhr	Samstag, Sonntag, 12:00 – 01:30 Uhr	jeden Werktag, 11:30 – 13:00 Uhr
Vegetarier-/ Veganer-Anteil	30 – 40 %	unter 20 %	unbedeutend	18–10 %	30 %	unbedeutend	20 – 25 %
Standgebühr je Truck	100,00 EUR	0,00 EUR	300,00 EUR	120,00 EUR	220,00 EUR	180,00 EUR	320,00 EUR
Zusatzgebühren für Energie	pauschal 20,00 EUR	inkl.	pauschal 20,00 EUR	inkl.	pauschal 25,00 EUR	pauschal 30,00 EUR	pauschal 15,00 EUR
Abfallentsorgung	selbst	30,00 EUR	25,00 EUR	selbst	selbst	35,00 EUR	20,00 EUR
Zusatzplatz neben Truck mietbar	nein	ja	ja	nein	nein	nein	ja
Parkplätze für Besucher	beschränkt, kostenfrei	500 Meter entfernt, kostenfrei	vorhanden, kostenpflichtig	ausreichend, kostenfrei	nein	ja, kostenpflichtig	ausreichend, kostenpflichtig
Party danach	nein	ja	nein	ja	nein	nein	nein
Begleitprogramm	keines	Kunsthalle	Livemusik	keines	Flohmarkt	Stände für Kunsthandwerk	übliches Parkangebot

D4 TIPP für das Vorgehen zur Erstellung einer Standortanalyse

Sie gewichten die vorhandenen Standortfaktoren mit einer Gewichtungsziffer. Danach bewerten Sie den Standortfaktor mit einer Bewertungsziffer. Die Multiplikation beider Ziffern ergibt den Wert für den jeweiligen Standortfaktor. Die Entscheidung für den besten Standort Ihres Food Trucks fällt auf den Standort mit der höchsten Summe.

Gewichtsziffern (GZ)			
besonders wichtig	5	nicht wichtig	2
sehr wichtig	4	unwichtig	1
wichtig	3		

Bewertungsziffern (BZ)			
sehr gut	6	ausreichend	3
gut	5	mangelhaft	2
befriedigend	4	ungenügend	1

Beispiel: In der Bewertungstabelle werden zwei Standorte anhand von drei Kriterien verglichen:

Standorte	Freiburg Messehalle			Breisach Marktplatz		
Standortfaktoren	GZ	BZ	GZ · BZ	GZ	BZ	GZ · BZ
Veranstaltungsort	5	6	30	5	4	20
Standgebühr je Truck	3	3	9	3	5	15
Parkplätze	3	6	18	3	2	6
Summe			57			41

In diesem Beispiel wäre der Standort Freiburg vorzuziehen, weil er eine höhere Summe aufweist als der Standort Breisach.

IV Lernsituation 3

Rechtsformen

Ralf Möller, Tarek Anand und Ines Weber sind sich einig, ihre Geschäftsidee mit einem Food Truck umzusetzen. Sie wollen sich selbstständig machen, fühlen sich dazu auch in der Lage, und haben Chancen und Risiken verglichen. Ihr Geschäftsplan steht, und sie haben auch schon einige lukrative und erfolgversprechende Standorte für ihren Food Truck ausfindig gemacht. Auch wenn sie schon Vieles auf den Weg gebracht haben, fehlen noch entscheidende Themen, über die sie sich klar werden müssen.

Ralf: Ich kann ja bekanntlich gut kochen und mögliche und vor allem leckere Rezepte für unseren Food Truck habe ich auch schon. Man muss ganz schön aufpassen beim Verarbeiten von Lebensmitteln, sonst haftest du schnell für abgelaufene Haltbarkeitsdaten oder schlechte Qualität. Wie sieht es eigentlich mit der finanziellen Haftung für unser Unternehmen aus, welches Unternehmen gründen wir überhaupt und wer wird Chef oder Chefin? Tarek, das müsstest du doch wissen, über was wir uns noch im Klaren werden müssen.

Tarek: Ralf, du hast Recht, wir müssen uns über die wesentlichen Kriterien wie Aufbringung von Mindestkapital, der Haftung und der sogenannten Geschäftsführung klar werden und einigen. Außerdem müssen wir entscheiden, ob wir eine Gesellschaft des bürgerlichen Rechts, ein Einzelunternehmen, eine Gesellschaft mit beschränkter Haftung oder eine Unternehmergesellschaft gründen wollen. Ich schlage vor, jeder von uns sagt jetzt erst mal seine Wünsche, Bedürfnisse und Vorstellungen zu den drei Kriterien, der Rest ergibt sich dann von selbst.

Ines: Ok, ich fange an. Geld habe ich keines, bzw. die 167,80 EUR auf meinem Girokonto sind der Rest meiner Weltreise. Ich fände es gut, wenn wir alle drei gemeinsam unser Unternehmen leiten würden, aber da du, Tarek, die meiste kaufmännische Ahnung hast, kannst du auch Chef machen, aber ich will nicht deine Angestellte sein. Ich habe keine Angst vor der Haftung in unserem Unternehmen, aber die festangelegten 20.000,00 EUR meiner Oma für meine Altersabsicherung sind tabu.

Ralf: Wenn es in der Küche nicht klappt, klappt es gar nicht. Ich bin also auf jeden Fall Chef. Wer von euch sonst noch mitreden möchte, ist mir egal. Hauptsache, ich bin dabei. Ich weiß, dass der Aufbau eines Unternehmens zunächst einmal viel kostet. Ich würde meine Ersparnisse von 7.000,00 EUR einsetzen. Dann muss aber auch was laufen, ich will sie nicht in den Sand setzen und sie lieber vermehren.

Tarek: Ich kann zwar nicht so gut kochen wie du, Ralf, aber ich kann die Bücher führen, Verträge verhandeln und alles Organisatorische steuern. Ich bin also auf jeden Fall auch Chef. Quasi der kaufmännische Chef, und Ralf ist der Küchen- und/oder Essenschef. Mir geht es wie Ines. Ich habe nur knapp 600,00 EUR auf meinem Girokonto, von denen ich aber auch noch private Ausgaben habe, aber mein Sparbuch mit 12.000,00 EUR steuere ich für unser Unternehmen bei.

Ines: Jetzt mal langsam. Ich bin Weltklasse im Werbung machen und kann super gut mit Menschen. Also bin ich mindestens die Kommunikations- und Public Relations- und Verkaufs-Chefin.

1 Vervollständigen Sie die folgende Tabelle, indem Sie die Wünsche, Bedürfnisse und Vorstellungen der drei Gründer den Kriterien zuordnen.

Kriterien Gründer/in	zur Verfügung stehendes Kapital	Haftung	Geschäftsführung
Ralf Möller			
Tarek Anand			
Ines Weber			

2 Die drei Gründer wollen sich einen Überblick über die verschiedenen Rechtsformen verschaffen. Unterstützen Sie die drei und füllen Sie die Tabelle mithilfe von ▶D1 und ▶D2 aus.

	Gesellschaft des bürgerlichen Rechts (GbR)	Einzelunternehmen (EU)	Gesellschaft mit beschränkter Haftung (GmbH)	Unternehmergesellschaft (UG)
Mindestkapital				
Haftung				
Geschäftsführung				

3 Die drei Gründer müssen sich für eine Rechtsform entscheiden. Helfen Sie ihnen, indem Sie anhand der einzelnen Kriterien entscheiden, welche Rechtsform infrage kommt. Treffen Sie aus den Teilergebnissen die endgültige Entscheidung mithilfe von ▶D2.

Mindestkapital	Haftung	Geschäftsführung

Entscheidung

DATENKRANZ ☰

D1 Haftung und Geschäftsführung

Haftung: Der Unternehmer, die Unternehmer muss/müssen gegenüber Außenstehenden (Gläubiger) für die Schulden mit seinem/ihrem Vermögen einstehen. Beim privaten Vermögen spricht man von der privaten Haftung. Beim unternehmerischen Vermögen spricht man von der unternehmerischen Haftung.

Geschäftsführung: Es ist die Leitung eines Unternehmens. Sie ist die tatsächliche und die rechtliche Tätigkeit für das Unternehmen. Sie kann alleine oder von mehreren Personen ausgeübt werden. Umgangssprachlich wird damit die Position des Chefs bezeichnet.

Die Rechtsformen im Überblick

Einzelunternehmen

Einzelunternehmen (EU) – volle Kontrolle, volle Haftung

Für wen und was?	Wie gründen?	Höhe der Haftung?
Kleingewerbetreibende, Handwerker, Dienstleister, Freie Berufe	<ul><li>ein Unternehmer</li><li>entsteht bei Geschäftseröffnung, wenn keine andere Rechtsform gewählt wurde</li><li>Kaufleute: Eintragung ins Handelsregister, Kleingewerbetreibende freiwillig</li><li>kein Mindestkapital</li></ul>	Unternehmer haftet unbeschränkt mit seinem gesamten Vermögen, auch Privatvermögen.

- Es gibt nur einen Betriebsinhaber. Diese Rechtsform eignet sich zum Einstieg.
- Als Einzelunternehmer/-in können Sie klein anfangen, als sogenannte/-r Kleingewerbetreibende/-r. Das heißt, Ihre Umsätze und Ihr Geschäftsverkehr erfordern keine vollkaufmännische Einrichtung wie z. B. doppelte Buchführung. Nichtsdestotrotz steht es Ihnen frei, sich auch als Kleingewerbetreibender ins Handelsregister einzutragen (gilt nicht für Freie Berufe).
- Mit der Eintragung ins Handelsregister übernehmen Sie alle Rechte und Pflichten eines Kaufmanns. Bei dem eingetragenen Kaufmann (e. K. oder e. Kfm.) handelt es sich nicht um eine Rechtsform, sondern um einen Firmenbestandteil.

Personengesellschaften

Gesellschaft des bürgerlichen Rechts (GbR oder BGB-Gesellschaft) – Einfache Partnerschaft

Für wen und was?	Wie gründen?	Höhe der Haftung?
Kleingewerbetreibende, Freie Berufe	<ul><li>mindestens zwei Gesellschafter</li><li>formfreier Gesellschaftsvertrag</li><li>kein Mindestkapital</li></ul>	Gesellschafter haften für die Verbindlichkeiten der Gesellschaft gegenüber Gläubigern als Gesamtschuldner persönlich.

- Jede Geschäftspartnerschaft kann die Form einer GbR annehmen: Kleingewerbetreibende, Praxisgemeinschaften, Freie Berufe, Arbeitsgemeinschaften.
- Besondere Formalitäten sind nicht erforderlich, sogar eine mündliche Vereinbarung reicht, wenn auch ein schriftlicher Vertrag empfehlenswert ist.
- Für die Kompetenzen der Gesellschaft bietet die GbR einen breiten Spielraum.

Kapitalgesellschaften

GmbH – Gesellschaft mit beschränkter Haftung

Für wen und was?	Wie gründen?	Höhe der Haftung?
Unternehmer, die die Haftung beschränken oder nicht aktiv mitarbeiten wollen	<ul><li>mindestens ein Gesellschafter (Ein-Personen-GmbH)</li><li>Gesellschaftsvertrag oder Musterprotokoll bei einfachen Gründungen</li><li>beide müssen notariell beurkundet werden</li><li>Eintragung ins Handelsregister</li><li>Mindestkapital: 25.000 Euro</li></ul>	in Höhe des Gesellschaftsvermögens

GmbH-Variante: Unternehmergesellschaft (UG) (haftungsbeschränkt)

Für wen und was?	Wie gründen?	Höhe der Haftung?
Gründer kleiner Unternehmen, die die Haftung beschränken wollen	<ul><li>mindestens ein Gesellschafter</li><li>Gesellschaftsvertrag oder Musterprotokoll bei einfachen Gründungen</li><li>beide müssen notariell beurkundet werden</li><li>Eintragung ins Handelsregister</li><li>Mindestkapital: ein Euro (Höhe der Kapitalausstattung sollte den Bedarf decken)</li></ul>	in Höhe des Gesellschaftsvermögens

- Musterprotokoll erleichtert einfache Standardgründungen (Bargründung, max. drei Gesellschafter); es kombiniert Gesellschaftsvertrag, Gesellschafterliste und Bestellung des Geschäftsführers.
- Es kann einen oder mehrere Gesellschafter geben, von denen einer oder mehrere als Geschäftsführer ausgewiesen sind (auch angestellte Geschäftsführer sind möglich).
- Trotz beschränkter Haftung: Kreditgeber achten i. d. R. darauf, dass ihnen bei der Aufnahme von Krediten private Sicherheiten angeboten werden.
- Wollen Sie in Ihrer GmbH das Sagen haben, müssen Sie per Vertrag zum/zur Geschäftsführer/-in bestellt und Ihre Befugnisse sowie die Gewinnverteilung festgelegt werden.
- Wollen Sie Ihre Führung in einer GmbH sicherstellen, so sollten mehr als 50 Prozent der oben erwähnten Einlagen von Ihnen sein!
- Bei UG (haftungsbeschränkt): Pflicht zur Rücklagenbildung, bis ein Stammkapital von 25.000 Euro aufgebracht ist.
- Achtung: Gesellschafter haften zusätzlich mit Privatvermögen bei persönlichen Krediten oder Bürgschaften. Sie haften auch persönlich bei Verstößen gegen die strengen Regeln über das GmbH-Kapital sowie bei der sogenannten Durchgriffshaftung (z. B. bei bestimmten Schadensersatzansprüchen).

Quelle: http://www.existenzgruender.de/SharedDocs/Downloads/DE/GruenderZeiten/
GruenderZeiten-11.pdf?__blob=publicationFile (abgeändert)

IV Lernsituation 4

Kapitalbedarfsplan

Ralf Möller, Tarek Anand und Ines Weber haben sich seit letzter Woche für die Rechtsform der Unternehmergesellschaft entschieden und sind nun bereit, die ersten Dinge zu besorgen. Alle drei Jungunternehmer können aus ihrem privaten Vermögen 19.167,80 EUR in das Unternehmen stecken.

Ralf: Dann kann es ja losgehen. Ich habe für uns auch schon ein geeignetes Fahrzeug gesucht und weiß, wo wir gute und qualitativ hochwertige Lebensmittel bekommen.

Tarek: Langsam, Ralf! So, wie ich das sehe, wird unser eigenes Kapital nicht ausreichen, um alle Kosten in der Anlaufphase decken zu können. Wahrscheinlich müssen wir sogar einen Kredit aufnehmen. Egal, ob der bei einer Bank oder bei einem privaten Gläubiger aufgenommen wird, diese wollen immer unseren Bedarf an Kapital wissen, um einschätzen zu können, ob wir die ersten Monate überleben werden.

Ines: Das sollte kein Problem sein. Das Bundesministerium für Wirtschaft und Energie stellt für Existenzgründer Beispielunterlagen zur Verfügung, mit denen auch wir unseren Kapitalbedarf für unser Unternehmen ermitteln können.

Ralf: Das klingt gut. Aber selbst wenn wir die Anlaufphase kostenmäßig bewältigt bekommen: Wir drei müssen auch leben und in Zukunft unseren Unternehmerlohn aus dem Unternehmen bestreiten. Wisst ihr auswendig, welcher Betrag pro Monat nötig ist?

Tarek: Da jeder von uns sich in ähnlichen Wohn- und Lebenssituationen befindet, müssen wir nur die anfallenden Lebenshaltungskosten im Jahr ermitteln, auf den Monat berechnen und das Ganze mal drei nehmen.

Ines: Das übernehme ich. Ihr, Ralf und Tarek, recherchiert alle notwendigen Kosten in Zusammenhang mit dem Unternehmen selbst.

---

1 Die drei Gründer ermitteln den Kapitalbedarf zur Finanzierung der Gründung und der betrieblichen Anlaufphase. Unterstützen Sie diese dabei und füllen Sie den nachfolgenden Kapitalbedarfsplan aus. Benutzen Sie dazu die Angaben in ▶D1.

GRÜNDUNGSKOSTEN (Beträge in EUR)	
Beratungen	
Anmeldungen/Genehmigungen	
Anmeldung ins Handelsregister	
Notar	
+ Sonstiges	
GESAMT	

►	**KOSTEN FÜR ANLAUFPHASE (Ausgaben bis zum ersten Geldeingang aus Umsatz für bestimmten Zeitraum, z.B. einen Monat)**	
	Personalkosten, inkl. eigenem Geschäftsführergehalt	
	Beratung	
	Leasing (Anzahlung und Rate)	
	Miete/Pacht	
	Werbung	
	Vertrieb (einschließlich km-Kosten)	
	Betriebliche Steuern	
	Versicherungen	
	Reserve für Startphase, Folgeinvestitionen und Unvorhergesehenes	
+	Sonstiges	
	GESAMT	
	ANLAGEVERMÖGEN	
	Patent-, Lizenz-, Franchisegebühren u.Ä.	
	Grundstücke/Immobilien einschließlich Nebenkosten	
	Produktionsanlagen, Maschinen, Werkzeuge	
	Betriebs-, Geschäftsausstattung	
+	Fahrzeuge	
	GESAMT	
	UMLAUFVERMÖGEN	
	Material- und Warenlager, Roh-, Hilfs- und Betriebsstoffe	
	Kapitalbedarf	

2 Die drei Gründer haben den Kapitalbedarf zur Finanzierung der Gründung und der betrieblichen Anlaufphase mit Ihrer Hilfe berechnet. Vergleichen Sie den Wert des Kapitalbedarfs mit dem tatsächlichen Kapital, das zur Verfügung steht. Welche Folgerungen können Sie aus dem Vergleich dieser beiden Werte ziehen?

_____

_____

_____

_____

_____

_____

_____

DATENKRANZ ☰

D1 Kosten zur Finanzierung der Gründung und der betrieblichen Anlaufphase

Gesellschaftsanmeldung	ein Gesellschafter	mehrere Gesellschafter
Gründungsbeschluss/Notar	60,00 EUR	120,00 EUR
Handelsregisteranmeldung/XML-Daten	45,00 EUR	45,00 EUR
Ausdrucke/Kopien/Scans (geschätzt)	5,00 EUR	5,00 EUR
Post und Telekommunikation (pauschal)	21,00 EUR	29,00 EUR
Gerichtskosten	150,00 EUR	150,00 EUR
gesamt	281,00 EUR	349,00 EUR

Starter Chrome Food Truck			
Listenpreis netto	85.400,00 EUR	Kfz-Haftpflichtversicherung (mit 100 Mio. EUR Versicherungssumme)	566,03 EUR
Schnäppchenpreis	77.000,00 EUR	Teilkasko (150 EUR Selbstbeteiligung)	109,92 EUR
Leasingangebot mit 10 % Anzahlung		Zulassung	45,90 EUR
monatliche Leasingrate	1.026,00 EUR	Kennzeichen	23,90 EUR
Anzahlung 10 %	7.700,00 EUR	Kfz-Steuer	230,00 EUR
Restwert nach 54 Monaten	21.480,00 EUR	Vollfolierung	2.190,00 EUR
		Kosten je Kilometer	0,80 EUR

Werbung/Kommunikation		
DIN A3	250 St.	71,14 EUR
DIN A4	1.000 St.	56,42 EUR
DIN A6	1.000 St.	20,88 EUR
Homepageerstellung	selbst gemacht	50,00 EUR
	Profiausführung	500,00 EUR
Facebook-Profil erstellen	selbst gemacht	0,00 EUR
	Profiausführung	250,00 EUR

Standplatzgebühr		
Industriegebietsgelände	Platzmiete	0,00 EUR
	Strom	10,00 EUR
Streetfood Festival	Platzmiete	300,00 EUR
	Müll	30,00 EUR
	Strom	30,00 EUR

Verwaltung monatlich		
Büro	privat	0,00 EUR
PC	privat	0,00 EUR
Büromaterial	pauschal	50,00 EUR
Kommunikation	pauschal	50,00 EUR

Genehmigungen bzw. Unterlagen für den Betrieb eines Food Trucks		
Name des Dokuments	**Wo erhalte ich das Dokument?**	**Kosten**
Reisegewerbeschein für Gastronomen	Gewerbeanmeldestelle	255,00 EUR
Formular zur steuerlichen Erfassung	Automatisch vom Finanzamt per Post nach Anmeldung des Gewerbes	0,00 EUR
Gesundheitszeugnis	Gesundheitsamt	je 30,00 EUR
Gesundheitsrechtliche Erlaubnis	Ordnungsamt	45,00 EUR
Lebensmittelhygiene-Schulung nach EU-Verordnung (EG)	Erstbelehrung beim Gesundheitsamt	25,00 EUR
Belehrung gem. § 43 Infektionsschutz-gesetz (IfSG)	Erstbelehrung beim Gesundheitsamt	35,00 EUR
Unterrichtungsnachweis für Gaststätten-gewerbe	Industrie- und Handelskammer	64,00 EUR
Immissionsrechtliche Genehmigung	Gewerbeaufsicht	500,00 EUR
Ausschankgenehmigung bzw. -gestattung	Gewerbeanmeldestelle der örtlichen Kommune	50,00 EUR

Personalkosten je Gesellschafter monatlich	
private Ausgaben	1.120,50 EUR

Plandaten für Einsatz Food Truck, erster Monat	Anzahl	Wareneinsatz je Portion
Events bei Festivals	10	
Standplätze auf Industriebetriebsgelände	15	
Anzahl verkaufter Essensportionen pro Tag	80 – 100 Portionen	4,80 EUR
Anzahl verkaufter Getränke pro Tag	50 – 70 Getränke	0,85 EUR
Zubehör (Serviette, Teller, Besteck) je Portion		0,40 EUR
gefahrene Kilometer	1.350	

Methoden

▶ M1   Brainstorming – Kartenabfrage   91

▶ M2   E-Mail erstellen   92

▶ M3   Gruppen-/Teamarbeit   93

▶ M4   Diskutieren   94

▶ M5   Gruppenpuzzle/Partnerarbeit   95

▶ M6   Mindmapping   96

▶ M7   Placemat-Activity   97

▶ M8   Plakat gestalten   98

▶ M9   Präsentieren   99

▶ M10 Protokoll erstellen   100

▶ M11 Rollenspiel   101

▶ M12 Schaubild interpretieren   102

▶ M13 Strukturlegen   103

▶ M14 Einen Text erschließen   104

▶ M15 Veranschaulichen mit Strukturbildern   105

▶ M16 Galeriegang – jeder präsentiert   106

▶ M17 Stationenlernen (Lernzirkel)   107

M1 Brainstorming – Kartenabfrage

Durch spontane Ideenäußerung ohne ablehnende Kritik wird mit dieser Methode eine große Anzahl an Ideen zu einer gegebenen Problemstellung gesammelt. Beim Brainstorming in der Gruppe können sich die Teilnehmer durch ihre Beiträge gegenseitig zu neuen Ideenkombinationen anregen, wodurch insgesamt mehr Ergebnisse produziert werden, als wenn jeder für sich alleine arbeitet.

Die klassischen Materialien der Kartenabfrage-Methode sind:

- Pinnwand (frei positionierbar)
- Packpapier, das auf die Pinnwand gesteckt wird und als Träger der Moderationskarten dient
- rechteckige, ovale und runde, verschiedenfarbige Moderationskarten für Beiträge
- über die gesamte Breite der Pinnwand reichende Streifen für die Überschriften
- Pinnnadeln zum Anstecken der Moderationskarten und -streifen auf die Pinnwand
- Filzstifte unterschiedlicher Breite und Farbe
- kleine, verschiedenfarbige Bewertungspunkte

Beschriftungsregeln für die Karten:

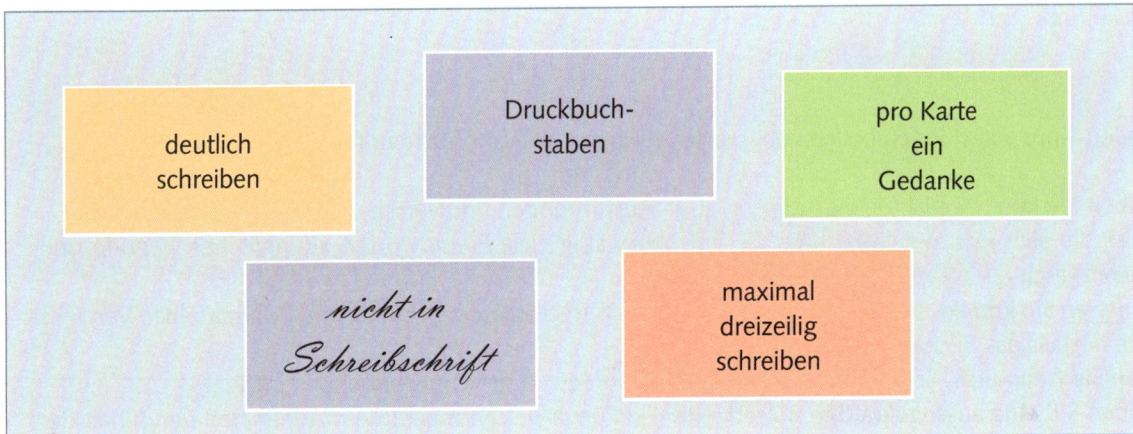

Vorgehensweise bei der Kartenabfrage:

Phase 1: Benennung des Themas/Problems (Überschrift an Pinnwand)

Phase 2: Sammeln der Ideen
- Jeder schreibt mehrere Karten, die seine Ideen enthalten (wichtig: deutlich schreiben, in Druckbuchstaben, pro Karte maximal drei Zeilen und nur eine Idee).
- Die Kartenfarbe kann symbolisch verwendet werden (z. B.: rote Karten = »contra« und grüne Karten = »pro«).
- Die Karten werden an einer Pinnwand mit Nadeln befestigt.

Phase 3: Sortieren der Ideen
- Nun werden die Karten geclustert, d. h., Karten mit gleichen oder sehr ähnlichen Ideen werden zu Inseln zusammengehängt.

Phase 4: Bewerten
- Aus den Inhalten dieser Kartenlandschaft werden (z. B. in 2er-Teams) Überschriften/Unterthemen formuliert,
- jeweils auf Streifen/Karten geschrieben und ebenfalls an einer Pinnwand befestigt.
- Die Ideen werden von den Teilnehmern mit Klebepunkten bepunktet und so in eine Rangfolge gebracht.

M2 E-Mail erstellen

Der Aufbau von E-Mails:

An...	Adresse des Empfängers: Sie besteht aus der Empfängerbezeichnung, dem »Klammeraffen«, »@« und dem Anbieter (Provider).
Cc...	Carbon Copy: Verteilerliste, die jeder Empfänger sieht.
Bcc...	Blind Carbon Copy: verdeckte Verteilerliste. Der Empfänger sieht die weiteren Empfänger nicht.
Betreff	Überschrift bzw. Inhalt der E-Mail
Angefügt	Anhang

Nach dem E-Mail-Kopf steht die **Anrede** und der **Text**. Hierbei gelten die gleichen Regeln wie bei einem Geschäftsbrief. Der **Abschluss (Signatur)** besteht aus dem Gruß, der Firma und den Kommunikationsangaben. Komfortable E-Mail-Programme verwenden eine Autosignatur, die automatisch am Ende alle erforderlichen Angaben einfügt.

Die folgenden Tipps sollen Ihnen helfen, einen erfolgreichen E-Mail-Kontakt zu führen:

1. **Schreiben Sie kurz.** Verzichten Sie auf sehr lange Ausführungen und verschachtelte Sätze.
2. **Drücken Sie sich klar aus.** Verzichten Sie auf übermäßig viele Fremdwörter, »denglische« Begriffe und »Fachchinesisch«.
3. **Formulieren Sie korrekt.** Vermeiden Sie auch in E-Mails Rechtschreib-, Punkt- und Kommafehler. Verwenden Sie notfalls das Rechtschreibprogramm.
4. **Bleiben Sie freundlich.** Schreiben Sie höflich in der Anrede, in der Grußformel und im Text.
5. **Schreiben Sie eine aussagekräftige Betreffzeile.** Ein kurzer Betreff macht dem Adressaten den Inhalt der E-Mail deutlich. Der Betreff erleichtert später die Suche nach einer E-Mail im Archiv.
6. **Verzichten Sie nicht auf die Anrede.** Der Name des Adressaten sollte richtig geschrieben sein. Auf eine allzu lockere Anrede sollte verzichtet werden (»Moin zusammen«).
7. **Verzichten Sie auf unnötige Informationen.** Schreiben Sie nur die für den Sachverhalt notwendigen Informationen.
8. **Verzichten Sie auf Abkürzungen und Emoticons.** Abkürzungen können verwirren. Emoticons können falsch verstanden werden.
9. **Strukturieren Sie Ihre E-Mails.** Vermeiden Sie lange Textblöcke. Verwenden Sie deshalb häufiger einen neuen Absatz oder gliedern Sie den Text mit Aufzählungen. Verwenden Sie Hervorhebungen durch Markieren, falls notwendig.
10. **Vergessen Sie nicht den Gruß am Ende der E-Mail.** Eine Grußformel ist schnell geschrieben und kann durch eine persönliche Note ergänzt werden (»Freundliche Grüße aus dem sonnigen Freiburg«).
11. **Gehen Sie mit Adressketten vorsichtig um.** Adressketten können aus Datenschutzgründen bedenklich sein.
12. **Überprüfen Sie Ihre Kontaktdaten.** Sowohl Ihre Daten als auch die des Adressaten sollten vor dem Versand geprüft werden, um keine Rückläufe zu erzeugen. Schlimmer kann es werden, wenn die E-Mail aus Versehen an den falschen Adressaten versandt wurde.
13. **Verwenden Sie den Arbeitsaccount nur für geschäftliche Zwecke.**

Quelle: Die Tipps zur E-Mail-Erstellung stellen eine Zusammenfassung der folgenden Quellen dar:
http://karrierebibel.de/e-mail-schreiben/;
http://arbeits-abc.de/e-mails-richtig-schreiben/#2

M3 Gruppen-/Teamarbeit

In jeder Berufsausbildung geht es auch um Teams, die miteinander arbeiten und Ergebnisse erzeugen sollen. Deshalb spielt die Gruppenarbeit eine wichtige Rolle. Damit sie gelingt und ergiebig ist, müssen Regeln für die Gruppenarbeit eingehalten werden.

Regeln für die Gruppenarbeit

Phase Vorbereitung:

Die Gruppe einigt sich auf verschiedene Rollen, die jedes Gruppenmitglied übernimmt.
Beispiele: Gesprächsleiter/-in, Zeitwächter/-in, Schreiber/-in, Themenwächter/-in, Redezeitbeobachter/-in, Lautstärkeregler/-in.

Den Arbeitsplatz für die Gruppenarbeit schnell und leise herrichten (vorhandene Tische und Stühle umstellen, Arbeitsmaterial bereitlegen). Alle Teammitglieder verstehen die Aufgabenstellung. Unklarheiten klärt das Team zu Beginn mit dem Lehrer/der Lehrerin.

Der Plan für die Aufgabenschritte und die Zeitabschnitte gibt Antwort auf die Fragen:
- Was sollen/wollen wir erreichen?
- Was ist zu tun?
- Von wem ist was zu tun?
- Bis wann ist was zu tun?
- Was benötigen wir zur Erledigung der Gruppenarbeit?

Phase Durchführung:

Jedes Gruppenmitglied arbeitet gleichberechtigt an der Arbeit mit und ist für die übernommene Aufgabe und das Gruppenergebnis verantwortlich.

Längerfristige Aufgaben werden so eingeteilt, dass die Gruppe zu jeder Zeit arbeitsfähig ist, auch wenn einzelne Gruppenmitglieder fehlen.
Beispiel: Materialien, Ergebnisse, Unterlagen entweder zentral lagern, sodass jedes Gruppenmitglied Zugriff hat, oder alle Gruppenmitglieder haben in jeder Phase alles bei sich.

Regeln für die Gespräche und für den Umgang miteinander während der Gruppenarbeit:

- Jede Meinung kann frei geäußert werden.
- Jeder hört dem anderen zu.
- Jeder lässt den anderen ausreden.
- Jeder, der spricht, hält Blickkontakt.
- Alle Gruppenmitglieder haben einen respektvollen Umgang miteinander.
- Keiner beansprucht Redeanteile, die überdurchschnittlich lange sind.
- Es werden keine Nebengespräche geführt.
- Auftretende Probleme werden offen angesprochen.
- Es wird sachlich argumentiert und keiner wird benachteiligt.
- Jeder arbeitet ständig mit und gibt sein Bestes.

M4 Diskutieren

Während der Gruppenarbeitsphase kommt es regelmäßig zu Diskussionen. Auch dabei müssen Regeln eingehalten werden, damit der Diskussionsverlauf nicht gestört wird und das Diskussionsergebnis sinnvoll ist.

Regeln/Hinweise für die Diskussion

Für die Diskussionsteilnehmer:

- Sie sprechen laut und deutlich.
- Sie schauen sich beim Reden an.
- Sie argumentieren kurz und präzise.
- Sie begründen Meinungen und Behauptungen.
- Sie bleiben beim Thema und beachten die Fragen.
- Sie nehmen Bezug auf die Vorredner/innen.
- Sie hören gut zu, wenn Andere reden.
- Sie lachen niemanden aus und setzen niemanden herab.
- Sie vermeiden Nebengespräche und sonstige Störungen.
- Sie reden zwischendurch nicht mit der Nachbarperson.

Für die Diskussionsleitung:

- Sie eröffnet die Diskussion.
- Sie stellt das Thema vor.
- Sie nennt Dauer und Ziel der Diskussion.
- Sie lenkt den Verlauf der Diskussion.
- Sie achtet auf die Einhaltung der Diskussionsregeln und der Redezeit.
- Sie fasst Teilergebnisse zusammen.

Formulierungen

zum Zustimmen/Ergänzen:
- Ich bin Deiner Meinung, weil ich aus eigener Erfahrung sagen kann, dass …
- Ich stimme Dir zu, denn …
- Das, was … vorhin gesagt hat, finde ich gut/wichtig/entscheidend, denn …

zum Widersprechen:
- Du hast recht, wenn Du sagst, dass …, aber auf der anderen Seite …
- Ich bin Deiner Meinung über das, was Du vorhin gesagt hast, aber …
- Ich verstehe Dein Argument, trotzdem finde ich …
- Ja, schon, aber meiner Meinung nach ist …

Nach Gründen fragen:
- Was macht Dich so sicher, dass … ?
- Warum denkst Du, dass … ?
- Warum bist Du der Meinung, dass … ?

Zweifel ausdrücken:
- Bei diesem Punkt habe ich Zweifel, weil …
- Das erscheint mir unwahrscheinlich, weil …
- Ich bin mir nicht sicher, dass …

M5 Gruppenpuzzle/Partnerpuzzle

Texte, Aufgabenblätter oder andere Materialien werden von dem Lehrer/der Lehrerin zur Verfügung gestellt.

Phasen des Gruppenpuzzles/Partnerpuzzles

1. Stammgruppe bilden/Themenauswahl/Lektürearbeit:

Schülergruppen (Anzahl der Gruppenmitglieder entsprechend der Anzahl der verschiedenen Texte bzw. Teilaufgaben) setzen sich zusammen. Sie bilden eine Stammgruppe. Jedes Mitglied wählt ein Thema aus. Die Schüler lesen den Text bzw. das bereitgestellte Material in Stillarbeit aufmerksam durch und bearbeiten die Aufgaben.

▶ Einzelarbeit

2. Arbeit in den Expertengruppen:

Die Stammgruppe löst sich vorübergehend auf und die zukünftigen Experten zu den verschiedenen Themen treffen sich in der Expertengruppe (Expertengruppen bestehen aus den Schülern mit den gleichen Texten bzw. Teilaufgaben.). In der Expertengruppe werden offene Frage geklärt, Unklares diskutiert, Ergebnisse verglichen und Wissen ergänzt. Für die spätere Vermittlung des Lernstoffes an die anderen Mitglieder der Stammgruppe erstellen die Experten ein Handout oder Ähnliches.

▶ Gruppen- oder Partnerarbeit

3. Rückkehr in die Stammgruppe:

Die Schüler treffen sich wieder in den Stammgruppen. Die einzelnen Gruppenmitglieder geben ihr Expertenwissen an ihre Stammgruppenmitglieder weiter. Das Gruppenpuzzle ist fertig, wenn »alle alles« wissen. Alle Schüler sollten anschließend fähig sein, anspruchsvolle Aufgaben zum Thema zu lösen. (Die Info-Blätter der Experten müssen von den Gruppenmitgliedern abgeschrieben werden oder werden vom Lehrer für die Stammgruppe kopiert und in der nächsten Stunde ausgegeben.)

▶ Gruppen- oder Partnerarbeit

4. Plenum:

Falls notwendig, werden zum Schluss mit der ganzen Klasse und dem Lehrer/der Lehrerin noch offene Fragen und Probleme geklärt.

Quelle der Bilder: http://www.mhaensel.de/unterrichtsmethoden/gruppenpuzzle.html

M6 Mindmapping

Die Mindmap®-Methode dient dazu, Informationen schnell aufzuzeichnen und zu strukturieren. Sie hilft, alle wichtigen Punkte auf einen Blick zu erfassen. Man kann seine Gedanken damit einfach zu Papier bringen, sobald diese einem in den Sinn kommen. Man kann zwischen seinen Ideen hin- und herspringen, gerade so, wie sie einem einfallen.

Aufbau:

Bei der Erarbeitung einer Mindmap wächst eine Art Baum, der alle Gedanken wiedergibt und die Verbindungen untereinander zeigt.

Grundstruktur:

Stamm: Das Hauptthema des Problems oder Projektes.
Hauptäste: Die Hauptäste, die direkt mit dem zentralen Thema verbunden sind.
Zweige: Zweige sind mit den Hauptästen verbunden.

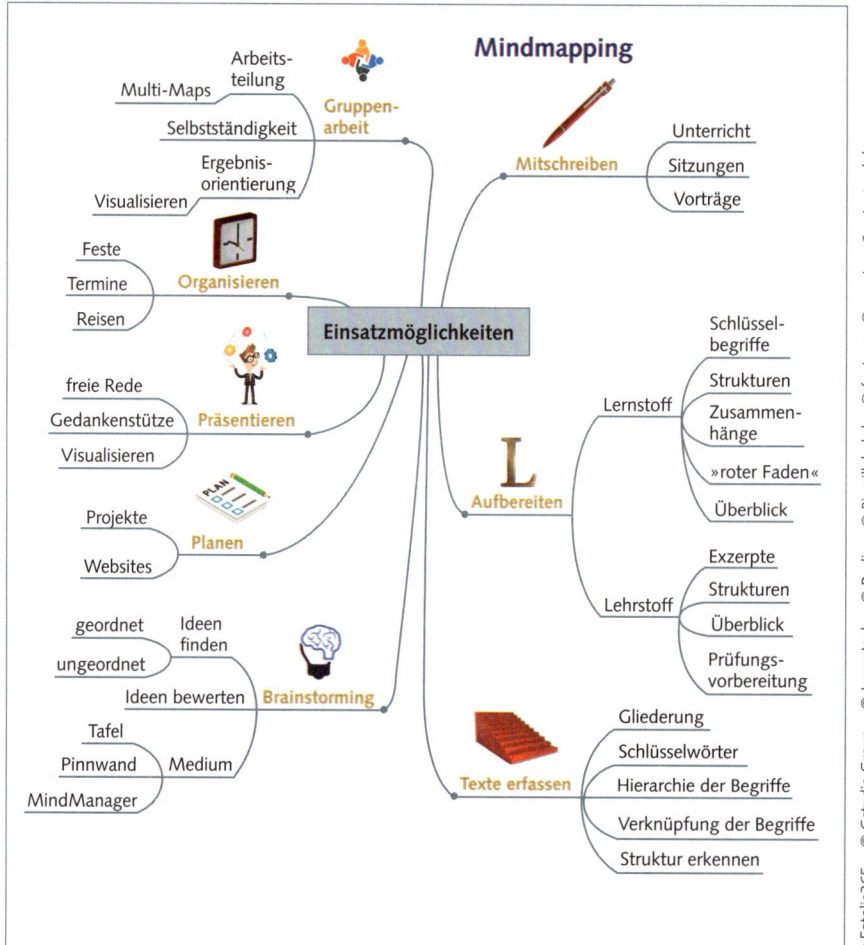

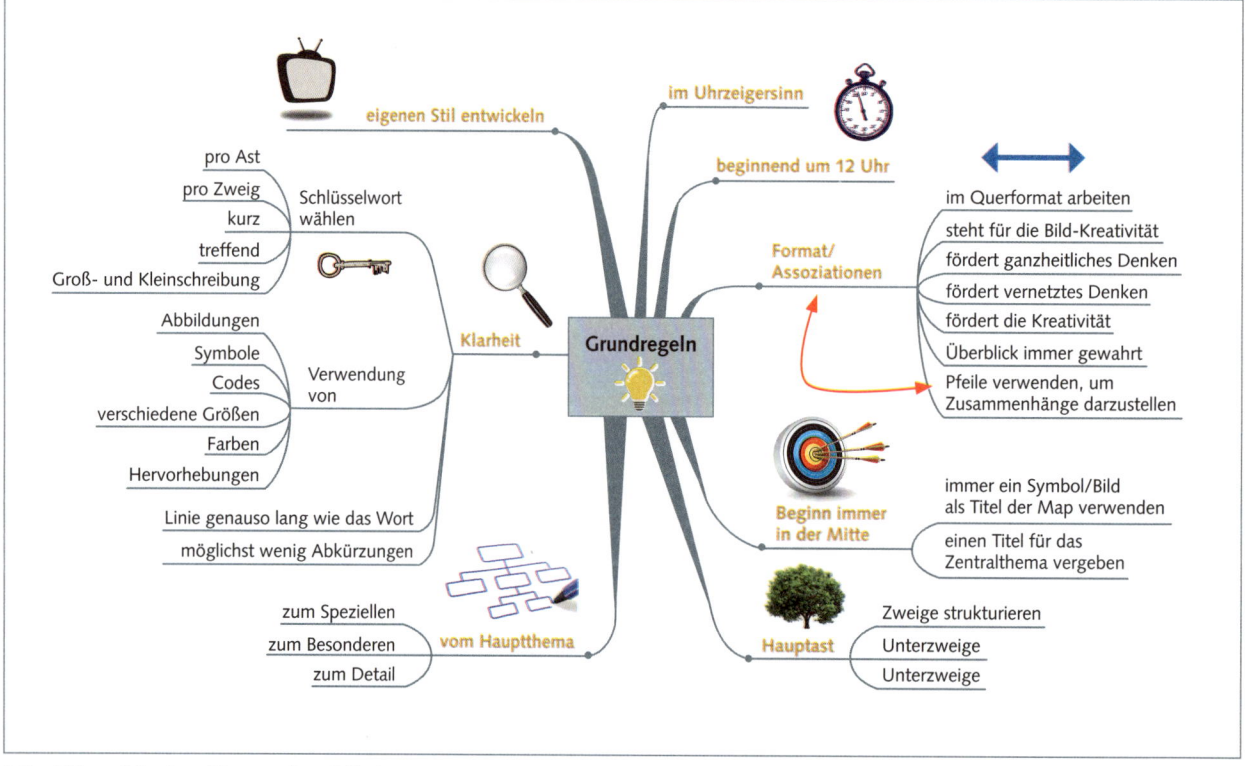

M7 Placemat-Activity (Platzdeckchen-/Tischset-Methode)

Die Lernenden setzen sich in Vierergruppen zusammen. Jede Gruppe erhält einen großen Bogen aus Papier und teilt den Bogen so auf, dass jeder Lernende dann ein eigenes Feld vor sich hat und in der Mitte ein Feld für die Gruppenergebnisse frei bleibt. (Sollte eine Gruppe nur aus drei Schüler/innen bestehen, enthält der Papierbogen nur drei Individualfelder.)

Modell für die Gestaltung des Papierbogens:

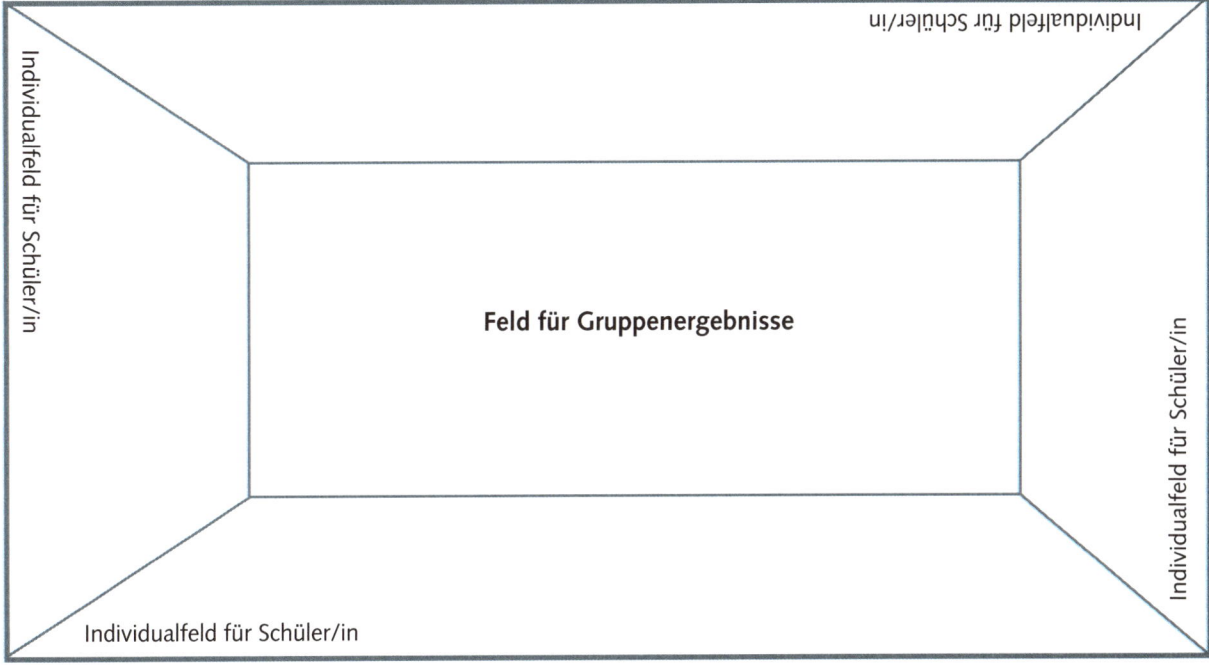

Vorgehensweise:

5. **Think (Nachdenken und Schreiben):** Jede/r notiert in seinem Segment eigene Gedanken zu der Hauptfrage (Dauer: etwa fünf Minuten).

6. **Pair (Stummes Vergleichen):** Jede/r liest die Notizen der anderen und stellt nur Rückfragen bei Verständnisproblemen oder Leseschwierigkeiten (Dauer: etwa fünf Minuten). Dazu kann der Papierbogen im Uhrzeigersinn weitergedreht werden, sodass jeder die Gedanken der anderen einmal zum Lesen vor sich hat.

7. **Share (Teilen und Konsens finden):** Die Gruppe diskutiert und entscheidet gemeinsam, welche der genannten Gedanken in die Mitte des Blattes geschrieben werden. Hilfreich ist eine Begrenzung: etwa »Einigt euch auf fünf Hauptpunkte.« Diese Hauptpunkte können dann auch noch nach Wichtigkeit markiert werden. (Dauer: etwa zehn Minuten).

M8 Plakat gestalten

Grundregeln:

- Jedes Plakat hat eine Überschrift!
- Das Plakat soll für andere gut lesbar sein und das Wichtigste in Kürze enthalten.
- Also: Unbedingt in Druckschrift und groß genug schreiben! (Kann man es aus 5 Metern Entfernung lesen?), und
- nicht zu viel Text! Verwenden Sie keine ganzen Sätze, sondern lieber Stichworte.
- Schreiben Sie nicht einfach Text ab, sondern versuchen Sie, in Ihren Worten zu formulieren.
- Sie können auch Symbole zeichnen, z. B. einen Blitz für ein Problem, ein Ausrufezeichen für einen Tipp, ein Fragezeichen für offene Fragen, Pfeile, Linien usw.

Welche Überlegungen sollten vor dem Gestalten gemacht werden?

- Wohin sollen die Stichworte, wohin die Symbole? Gibt es verschiedene Themen, die Sie darstellen wollen? Überlegen Sie, bevor Sie anfangen, was auf dem Plakat an welche Stelle kommen soll.
- Schreiben Sie das Thema Ihrer Arbeitsgruppe auf! (Kann das auch die Plakatüberschrift sein? Oder besser die Überschrift »plakativer« formulieren?)
- Worum ging es inhaltlich genau? (1–3 Aussagen)
- Was ist das Wichtigste, das andere zu diesem Thema erfahren sollten?
- Wählen Sie anschauliche Beispiele zur Erklärung (muss nicht auf das Plakat; es reicht, wenn Sie es präsentieren können).
- Name und Kontaktangaben der Autoren nicht vergessen
- Informationsfluss klar darstellen; z. B. nach den folgenden Beispielen:

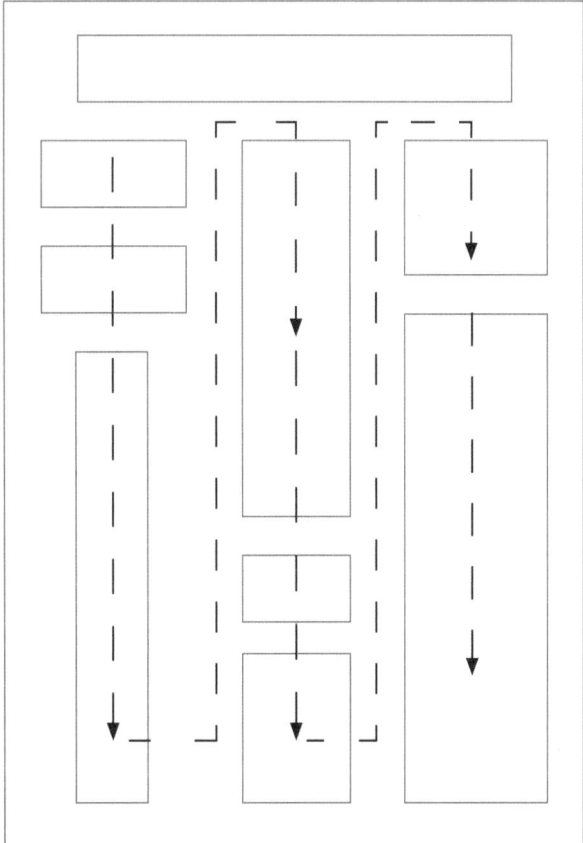
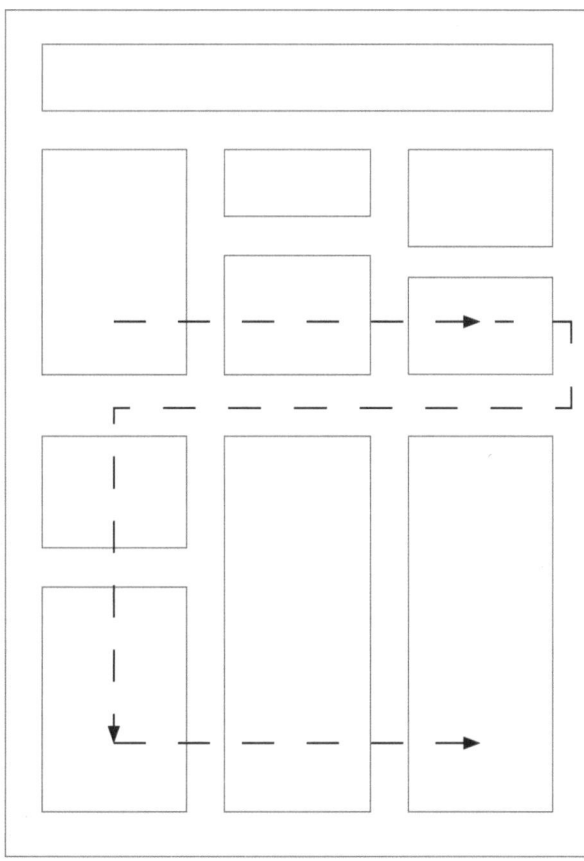

M9 Präsentieren

In einer **Präsentation** stellen Sie Ihre Ergebnisse dar. Entscheidend dabei ist, wem Sie diese Ergebnisse präsentieren. Sie müssen Ihre **Zielgruppe erreichen und möglichst genau ansprechen**. Da macht es einen Unterschied, ob Sie vor der Klasse, vor Kollegen oder Vorgesetzten präsentieren.

Daher sollten folgende Überlegungen in die Vorbereitung ihrer Präsentation einfließen:

1. Schritt: **Ziele definieren**
   Was bezwecken Sie mit Ihrer Präsentation? Was sollen Ihre Zuhörer am Ende verstehen, erinnern oder gar tun?

2. Schritt: **Den Ausstieg gestalten**
   Die Beschäftigung mit dem Ausstieg zwingt Sie dazu, die gesamte Präsentation auf das Ziel auszurichten.

3. Schritt: **Den Einstieg gestalten**
   Sie müssen die Aufmerksamkeit und das Interesse der Zuhörer mit einem sinnvollen »Ohröffner« gewinnen.

4. Schritt: **Den Hauptteil gestalten**
   Einstieg – Hauptteil – Ausstieg – ergeben eine Einheit, sodass die Präsentation »rund« wird. Am besten gehen Sie nach der Kärtchenmethode vor: Jedes wichtige Stichwort zum Thema auf ein Kärtchen schreiben und dann sinnvoll anordnen.

5. Schritt: **Das Ganze »würzen«**
   Bilder, Beispiele, Witze, Anekdoten, (rhetorische) Fragen beleben Ihren Vortrag.

6. Schritt: **Visuelle Hilfsmittel gestalten**
   Klären Sie, welche Medien (Overhead, Tafel, Beamer, Kamera etc.) zur Verfügung stehen und welche geeignet sind bzw. mit welchen Sie auch gut umgehen können.

7. Schritt: **»Spickzettel« anfertigen**
   Erstellen Sie sich kleine Moderationskärtchen mit Stichworten und »Regieanweisungen«.

8. Schritt: **Üben, üben, üben ...**

Eine erfolgreiche Präsentation ergibt sich aus dem Zusammenspiel folgender Faktoren:

Inhaltlicher Aufbau	Sprechtechnik
- Die Gliederung ist klar erkennbar und zielgerichtet (Einleitung - Hauptteil - Schluss). - Die Wortwahl ist treffend. - Der Ausdruck ist klar und verständlich. - Die Beispiele sind anschaulich.	- Die Sprache ist deutlich und variiert in Lautstärke und Klangfarbe. - Das Sprechtempo ist nicht stockend oder zu schnell. - Pausen sind sinnvoll eingesetzt.
Körpersprache	**Visualisierung**
- Der Blickkontakt zum Publikum ist hergestellt. - Gestik und Mimik unterstreichen die Aussagen. - Die Körperhaltung wirkt sicher und strahlt Ruhe aus.	- Veranschaulichung - Grafiken - Struktur - Layoutgestaltung - Lesbarkeit

M10 Protokoll erstellen

Eine **ordentliche Dokumentation** ist die Voraussetzung jeder Teamarbeit/Projektarbeit. Wenn nichts eindeutig festgehalten und verbindlich aufgezeichnet wird, kann sich die Arbeit im Team nicht entwickeln, man tritt ständig auf der Stelle.

Das Protokoll ist eine Möglichkeit der Dokumentation, das durch verschiedene Merkmale gekennzeichnet ist.

Inhalt	sprachliche Gestaltung	Arten von Protokollen	Regeln für das Protokollieren
▪ Anlass ▪ Ort, Datum, Uhrzeit ▪ Leiter/in ▪ Protokollant/in ▪ Teilnehmer/innen ▪ Tagesordnungspunkte ▪ Redebeiträge ▪ Anträge, Abstimmungsergebnisse, Termine	▪ knappe Darstellung ▪ in der Regel Gegenwartsform ▪ wörtliche Rede steht in Anführungszeichen ▪ keine Überleitungen zum nächsten Protokollpunkt ▪ keine Wertungen durch den/die Protokollanten/Protokollantin	▪ Verlaufsprotokoll (Gesprächsverlauf, Meinungsbild) ▪ Ergebnisprotokoll (Vereinbarungen, Abstimmungen, Entscheidungen) ▪ Gedächtnisprotokoll (spätere Aufzeichnung) ▪ andere Protokolle (Versuchsprotokoll, Unfallprotokoll, Vernehmungsprotokoll)	▪ Ausreichendes Papier und geeignetes Schreibzeug besorgen. ▪ Einen geeigneten Sitzplatz auswählen. ▪ Sich über die Art des Protokolls vergewissern. ▪ Sich um die Anwesenheitsliste kümmern. ▪ Wesentliche Inhalte der Sitzung erfassen. ▪ Abstimmungsergebnisse eindeutig festhalten. ▪ Als Protokollführer Zurückhaltung in der Diskussion zeigen. ▪ Das Protokoll als Protokollant/Protokollantin unterschreiben.

Beispiel für ein Sitzungsprotokoll

Sitzungsprotokoll der **Projektgruppe »Der gesunde und aktive Mitarbeiter«**

	Besprechungsprotokoll 5		Seite 1 von 3
Besprechungsort: Besprechungsdatum: Beginn: Ende:	Kleiner Konferenzraum 29.05.20.. 14:15 Uhr 17:00 Uhr	Protokoll durch: Verteiler:	Herr Künast Teammitglieder

Tagesordnung:	1. Arbeitsunfähigkeitsprofil für Betriebe, Referent Herr W. Meier, AOK Freiburg 2. Arbeitsmedizinische Basisuntersuchung der Beschäftigten 3. … 4. … 5. Verschiedenes

anwesend:
Frau Werthmann, Frau Solltau, Herr Disch-Wendler, Frau Dr. Kern, Herr Künast

entschuldigt:
Herr Dr. Schwab

TOP	Kennzeichen	Text der Ergebnisse	erledigt durch/bis
1	E	Häufigkeit und Verteilung gemeldeter Krankheitsfälle im Betrieb, ihre Dauer und die dazugehörige Krankendiagnose werden unter Beachtung des Datenschutzes ausgewertet. Informationsquelle zur Versachlichung der betrieblichen Krankenstandsdiskussion. • Arbeitsunfähigkeitsprofil ist kostenlos. • sinnvoll: weitere Datenerhebung (Erkenntnisse, Betriebsmediziner, Mitarbeiterbefragungen oder Ergebnisse der Gefährdungsbeurteilungen) • Anzustreben ist die Entwicklung eines kontinuierlichen Berichtswesens.	
2		……………………	

A = Auftrag, B = Beschluss, E = Empfehlung, F = Feststellung, T = Termin

M11 Rollenspiel

Motivationsphase (Vorbereitung)

- Konfrontation mit dem Problem: Alle Schüler lesen die einführenden Informationen (Aufgabenstellung, Informationskarte).
- Die Gruppen erhalten die Informationen über die jeweiligen Rollen.
- Die Rollenkarten werden vorgelesen.
- Die Rollen werden verteilt.
- Die Gruppe sammelt gemeinsam die Fragen, Inhalte, Argumente für die Rolleninhaber. (Eventuell hilft hier ein Brainstorming, vgl. ⊠M1, Seite 91.)
- Mimik, Gestik usw. werden besprochen und festgelegt.
- Planung des Szenenaufbaus (z. B. Sitzordnung).

Aktionsphase (Durchführung)

- Die Spieler nehmen ihre szenischen Plätze ein und spielen das Rollenspiel.
- Die anderen Schüler sind die Beobachter und machen sich mittels eines Beobachtungsbogens Notizen. (Manchmal kann die Aufteilung in verschiedene Beobachtungsfelder hilfreich sein.)

Reflexionsphase (Ergebnissicherung und Verallgemeinerung)

- Zunächst erhalten die Spieler/innen die Gelegenheit, sich über die Aufführung, ihre Rolle und ihre Empfindungen zu äußern.
- Die Beobachter äußern sich zum Spielverlauf, zu ihren Beobachtungen.
- Diskussion in der Klasse über die beobachteten Argumente der Rollenspieler.
- Durch die Spielleitung werden die Ergebnisse der Diskussion zusammengefasst.
- Eventuell werden allgemeine Ergebnisse zusammengefasst und festgehalten.
- Das Rollenspiel kann mit neuer Rollenbesetzung wiederholt werden.

M12 Schaubild interpretieren

Ein Schaubild (auch Diagramm genannt) liefert Informationen, indem es Zahlen und Werte verbildlicht. Anders als bei einem Text gibt es keine einheitliche Leserichtung. Hier ist eine mögliche Gliederung dargestellt, der man sowohl beim Lesen als auch beim Darstellen des Inhalts folgen kann.

Thema
- Was ist das Thema des Schaubildes?
- Welche Unterthemen sind erkennbar?

Formale Orientierung
- Welche Diagrammform wurde gewählt? (Balken, Säulen, Linien, Torten, Kreise)
- Über welche Zeit/welche Region gibt das Schaubild Auskunft?
- Welche Zahlenwerte wurden gewählt: absolute, relative, Indexwerte?
- Aus welcher Quelle stammen die Daten? Wann ist sie erschienen?

Beschreibung
- Was ist zu sehen? Welche Informationen werden gegeben?
- Was sind die wichtigsten Aussagen?
- Lassen sich zeitliche Entwicklungen (Zunahme, Abnahme, Stagnation) und Regelhaftigkeiten ablesen?

Erklärung
- Wie sind die dargestellten Sachverhalte zu erklären?
- Sind bedeutsame Details, kausale und funktionale Zusammenhänge erkennbar?
- Welche möglichen Ursachen und Folgen lassen sich aus den beschriebenen Aspekten ableiten?
- Welche zusätzlichen Informationen sind zur Erklärung heranzuziehen?

Wertung
- Welche Schlussfolgerungen ergeben sich, z. B. im Zusammenhang mit anderen Informationen und anderem Wissen?
- Reicht die Aussagegenauigkeit aus?
- Werden Sachverhalte verzerrt oder verfälscht?
- Ist die Diagrammform eine geeignete?

Mögliche Inhalte eines Schaubildes:

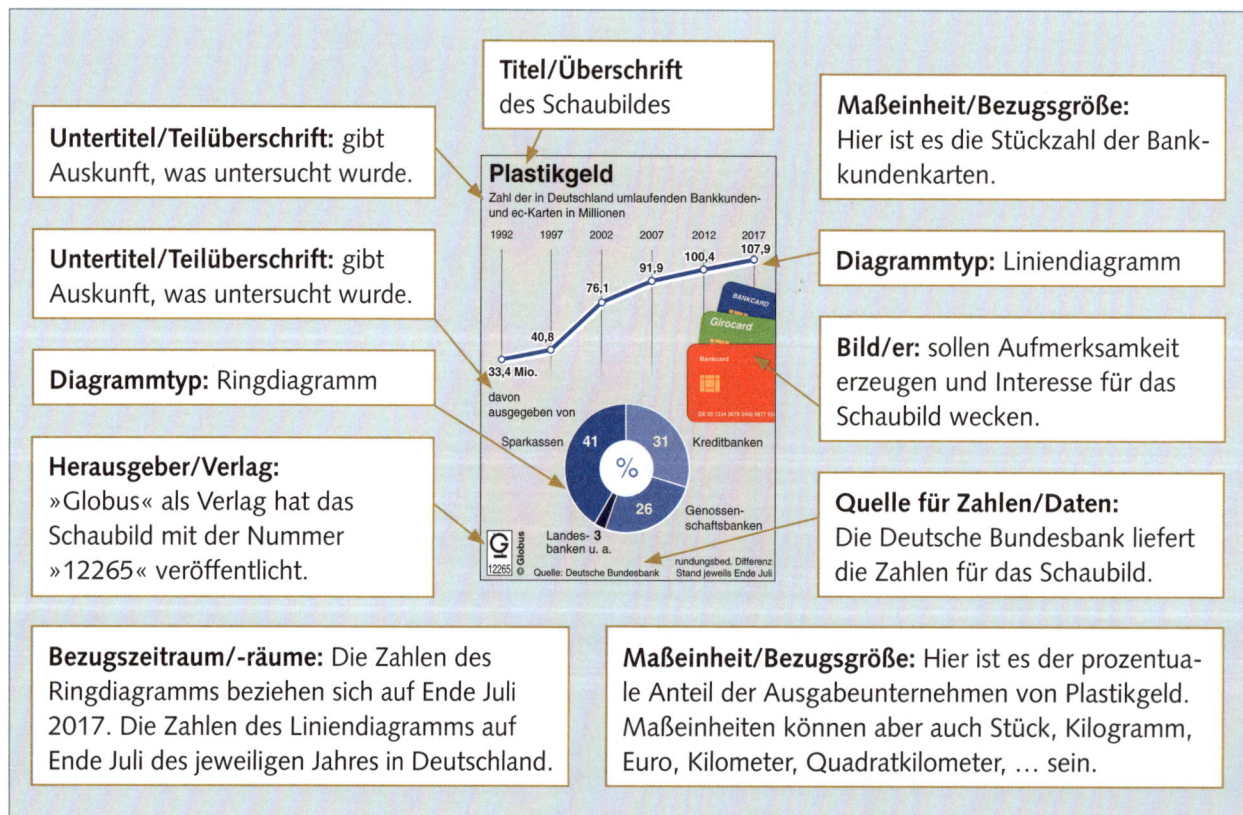

M13 Strukturlegen

Anwendungsmöglichkeiten:

- Einstieg in ein Thema: Es verdeutlicht die Zusammenhänge der Lehrinhalte.
- Lernzielkontrolle: Nach einer Unterrichtssequenz zur Stoffsicherung, Wiederholung, Strukturierung.

Material:

Die zentralen Begriffe des besprochenen Themas werden als Begriffskärtchen auf einem DIN A4-Blatt an die Schüler ausgegeben und von diesen anschließend ausgeschnitten, damit die Kärtchen flexibel legbar sind.

Verlauf:

- Die Begriffskärtchen sollen nach inhaltlichen Kriterien in eine Struktur gelegt werden.
- Die fertige Struktur wird aufgeklebt (optimales Mittel, um später das Thema wieder ins Gedächtnis zu rufen).
- Gelegte Strukturen werden verglichen.

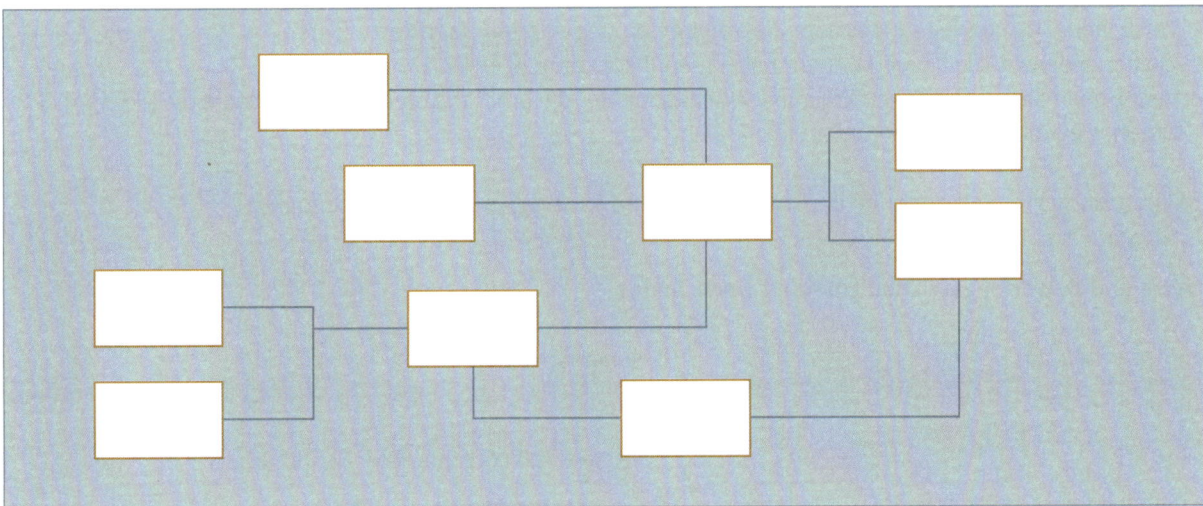

Hinweis:

- Die Struktur gibt wieder, wie die Teilnehmer das Thema in ihrer persönlichen Denkstruktur verankert und mit anderen Themen verbunden haben.
- Die Lehrperson erhält Einblick in die unterschiedlichen Strukturen.
- Die Struktur ist ein individuelles Ergebnis, bei dem es nur selten wirklich falsche Zuordnungen gibt. Diese werden von der Lehrperson dann angesprochen.

Sozialformen:

- Einzelarbeit
- Gruppenarbeit
- Plenum

Ziele:

- Unterstützung der individuellen Ordnung und Speicherung der Lerninhalte

©M. König Dez03/aktualisiert Okt10

M14 Einen Text erschließen

- Überfliegen Sie den Text zunächst, um einen Überblick darüber zu gewinnen, in welchem Zusammenhang die Informationen zu sehen sind.

- Formulieren Sie Fragen zu dem Text (Wer? Wann? Wo? Wie? Was? Warum?).

- Lesen Sie danach den Text unter Zuhilfenahme der Fragen allein durch.

- Notieren Sie sich die Begriffe, die Ihnen nicht klar sind.

- Markieren Sie wichtige Passagen, Kerngedanken, Inhalte, die im Zusammenhang stehen.

- Schreiben Sie neben den Text die Ihrer Meinung nach wichtigen Ereignisse/Inhaltspunkte.

- Notieren Sie diese möglichst neben die Zeile des Textes, in der sie zuerst vorkommen.

- Tauschen Sie sich nun mit Ihrem Partner aus:

  - Versuchen Sie zunächst gemeinsam die von beiden ungeklärten Begriffe zu klären.
    (Sollten Sie nicht alle klären können, hilft Ihnen Ihr/e Lehrer/Lehrerin.)
  - Vergleichen Sie die wichtigen Ereignisse/Inhaltspunkte, die am Rand stehen, ob Sie beide die gleichen haben. Vervollständigen Sie unter Umständen.

- Erklären Sie sich gegenseitig den im Text geschilderten Sachverhalt im Zusammenhang.

Hinweise und Bewertungszeichen am Rand eines Textes

Ausrufezeichen (!)	besonders wichtig
Fragezeichen (?)	unklar
Pfeil (▶)	Konsequenz/Folge/nächster Schritt
Doppelpfeil (◀—▶)	Gegensatz/Widerspruch
Pfeil nach oben (▲)/Pfeil nach unten (▼)	Erklärung/Erläuterung
Geschweifte Klammer (})/Summenzeichen (Σ)	Zusammenfassung/Fazit
Blitz (⚡)	Ausdruck meiner Meinung/Emotion
Haken (✓)	einverstanden/richtig/logisch

M15 Veranschaulichen mit Strukturbildern

Ziel bei dieser Methode ist, Informationen, Aussagen, Arbeitsergebnisse oder den Inhalt eines Textes in eine übersichtliche Form zu bringen. Dabei werden textliche, grafische, bildhafte oder symbolische Elemente verwendet. Diese werden mit Linien, Pfeilen, Formen oder sonstigen grafischen Elementen miteinander verbunden.

So können Zusammenhänge deutlich gemacht werden, weil sie schnell erfasst werden können. Eine Grafik kann vor allem folgende Zusammenhänge veranschaulichen:

- Gruppierungen, Zusammenfassung aufgrund von Ähnlichkeiten (▶Verbindungen, Kreise)
- Gegensätze, Widersprüche deutlich machen (▶Blitz, gegenläufige Pfeile)
- Offene Fragen zeigen (▶Fragezeichen)
- Über-, Unter- und Nebenordnung (▶Hierarchien) zeigen (▶Pfeile)
- Teil-Ganzes-Relationen aufzeigen (▶Kreise oder Flächen, die sich überschneiden)
- Zeitliche Abfolgen verdeutlichen (▶Zeitstrahl)
- Ursache-Wirkungs-Zusammenhänge erklären (▶Pfeile, Doppelpfeile)
- Mengenmäßige (quantitative) Verteilungen darstellen (▶Elemente unterschiedlicher Größe)

Vorgehensweise:
1. Schritt: Festlegen des Themas
2. Schritt: Sammeln der einzelnen Aspekte des Themas
3. Schritt: Ordnen der Aspekte
   - Welche Begriffe gehören zusammen?
   - Gibt es Ursache-Wirkungs-Zusammenhänge?
   - Lassen sich aus Einzelaspekten Gruppen bilden, vielleicht mit gemeinsamem Oberbegriff?
   - Lässt sich ein Aspekt in weitere Unterbegriffe zerlegen?
4. Schritt: die Begriffe mit grafischen Elementen verbinden.

Beispiele für Strukturskizzen:

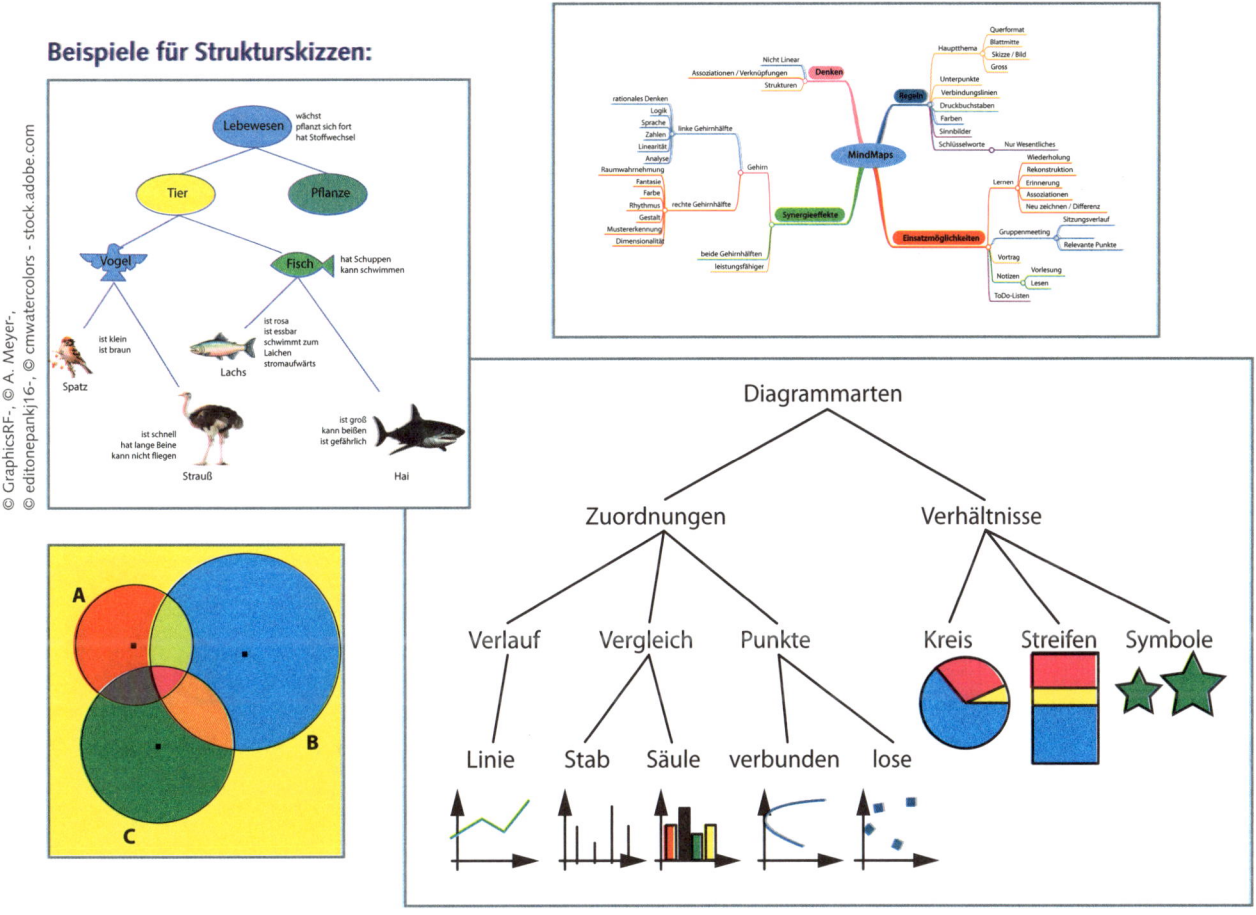

© GraphicsRF-, © A. Meyer-.
© editonepankj16-, © cmwatercolors - stock.adobe.com

M16 Galeriegang – jeder präsentiert

Ein Galeriegang dient der Präsentation und Reflexion verschiedener Gruppenergebnisse.

Die Lernenden werden in verschiedene Stammgruppen (G 1, G 2, G 3, usw.) eingeteilt. Zusätzlich erhält jedes Gruppenmitglied innerhalb einer Gruppe einen Buchstaben A, B, C, D, usw. zugeordnet.

Wichtig: Jede Stammgruppe der ersten Phase besteht immer aus so vielen Mitgliedern, wie es in der zweiten Phase neue Gruppen geben soll.

Der Galeriegang läuft in drei Phasen ab:

1. Phase: Gruppenarbeitsphase

Die Schülerinnen und Schüler haben eine Aufgabe in ihrer Stammgruppe (G 1, G 2, ...) erarbeitet und erstellen gemeinsam ein Plakat zur Präsentation, das am Tisch liegen bleibt oder an einer bestimmten Stelle aufgehängt wird (»Galerie«).

2. Phase: Präsentationsphase

Jetzt geht jeder Lernende in eine neue Gruppe (alle Lernenden mit dem Kennbuchstaben „A" in Gruppe A (GA), alle mit dem Kennbuchstaben „B" in Gruppe B (GB), usw.). In jeder dieser neuen Gruppen ist ein Vertreter der vorherigen Stammgruppen, also ein Fachmann/eine Fachfrau für das Ergebnis dieser ursprünglichen Gruppe.

Jede der neuen Gruppen geht nun von Plakat zu Plakat und immer das Mitglied aus der Gruppe, welches in der jeweiligen Stammgruppe (G 1, G 2, ...) war (»Fachmann/Fachfrau«), präsentiert den anderen das Ergebnis seiner Stammgruppe. Nach einer bestimmten Zeit wechselt die ganze Gruppe zum nächsten Plakat. Der Wechsel erfolgt so lange, bis jeder Lernende einmal präsentiert hat. Wichtig dabei ist, dass sich jede/r Notizen machen muss!

3. Phase: Verarbeitungsphase

Jeder Lernende geht in seine ursprüngliche Stammgruppe zurück und vergleicht mithilfe der Notizen, die er während des Rundgangs gemacht hat, die Ergebnisse mit denen seiner Gruppenmitglieder. Wenn notwendig, nimmt er in seinen Aufzeichnungen Ergänzungen oder Korrekturen vor.

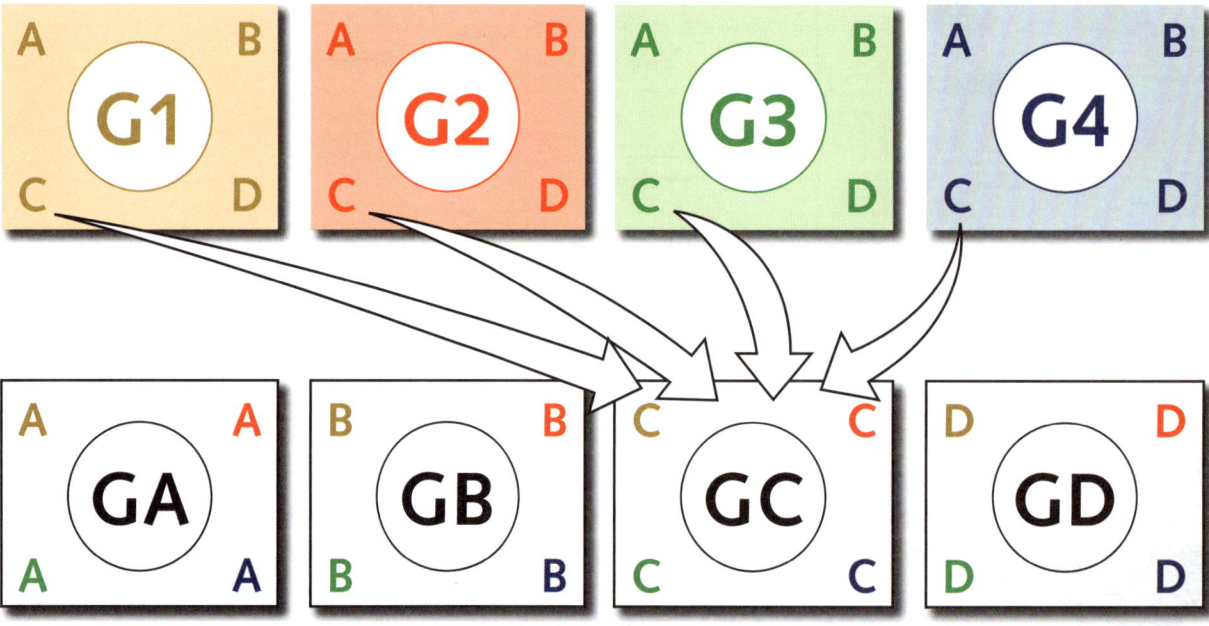

M17 Stationenlernen (Lernzirkel)

Ein Lernzirkel fördert das selbstgesteuerte und eigentätige Lernen anhand vorbereiteter Materialien, die in Lernstationen angeordnet sind. Von der Lehrkraft werden mehrere Lernstationen aufgebaut, an denen didaktisch aufbereitetes Material (Texte, Grafiken, Hörbeiträge, Filme, etc.) zur Verfügung steht, welches ohne die Hilfe der Lehrkraft von den Lernenden in unterschiedlichen Sozialformen (Einzel-, Partner-, Gruppenarbeit) bearbeitet werden soll. Die Lernenden können so lange an einer Station bleiben, wie es ihre individuelle Arbeitsweise zur Lösung der Aufgabe erfordert oder ihr Interesse an der besuchten Station besteht.

Vorbereitung des Lernzirkels

- Lerninhalte werden von der Lehrkraft in eigenständige Einheiten (Teilaspekte) gegliedert. Evtl. werden Pflichtstationen und freiwillige Wahl- bzw. vertiefende Einheiten unterschieden.
- Die Einheiten werden Lernstationen zugeordnet, die nicht aufeinander aufbauen; jede Station sollte bearbeitet werden können, ohne zuvor eine andere Station bearbeitet haben zu müssen.
- Jede Lernstation erhält eine Nummer, einen Namen (Titel) und den Hinweis, ob es sich um eine Pflichtstation oder um eine freiwillige Station handelt.
- Für jede Lernstation werden Lernmaterialien aufbereitet und (z. B. auf Tischgruppen, an Pinnwänden, in Regalen) bereitgestellt, mit deren Hilfe sich die Teilnehmer die Inhalte selbstständig erarbeiten können.
- Zu jeder Lernstation werden passend zu den Materialien konkrete Arbeitsaufträge ausgelegt. Diese enthalten idealerweise Vorschläge für die Sozialform, die Vorgehensweise und die Art der Sicherung des Lernergebnisses.
- Sinnvoll kann auch die Bereitstellung von Lösungsbogen oder -stationen zur Selbstkontrolle sein.
- Nötigenfalls erfolgt eine klare Kennzeichnung, welche Materialien mitgenommen werden dürfen und welche an der jeweiligen Station bleiben müssen.
- Jede/r Schüler/in erhält ein Arbeitsblatt als Laufzettel (mit Nummer, Titel und evtl. Hinweisen), auf dem die wesentlichen Erkenntnisse aus den Stationen festzuhalten sind.

Ablauf des Lernzirkels

Schritt 1: Bevor die Schüler/innen in den Lernzirkel starten, müssen sie mit der Arbeitsweise und dem Zirkel vertraut sein. Die Lehrkraft erläutert kurz den Ablauf, indem sie die Namen der Stationen nennt und evtl. den Umgang mit den Materialien/Medien zeigt, auf Wahl- und Pflichtstationen hinweist und diese erläutert, die Verhaltensregeln bespricht, die Laufzettel verteilt und erläutert sowie Lösungsbogen oder Lösungsstationen zur Selbstkontrolle zeigt.

Schritt 2: Die Lernenden wenden sich den Stationen und deren Aufträgen zu. (Dies erfolgt idealerweise in einer frei gewählten Reihenfolge, kann jedoch auch durch Zuordnung durch die Lehrkraft erfolgen, um eine gleichmäßigere Verteilung auf die Stationen zu erreichen.) Nach selbstbestimmter oder vorgegebener Zeit wechseln sie zu einer anderen Station. Anhand ihrer Laufzettel können sie vermerken, welche Stationen sie durchlaufen und welche sie noch vor sich haben. Im einfachsten Falle müssen sie in einer gegebenen Zeit eine bestimmte Zahl von Stationen in beliebiger Reihenfolge bearbeiten. (Wahl- und Pufferstationen ermöglichen eine Differenzierung.)

Schritt 3: Am Schluss steht die Auswertung. Zum einen ist dies ein Ergebnisvergleich oder eine Ergebnispräsentation. Zum anderen sollten Lehrkraft und Schüler/innen die Methode gemeinsam kritisch auswerten.

Prüfungsaufgaben

▶ **Schriftliche Abschlussprüfung Sommer 2020**
der Berufsschulen (gewerblicher Bereich)
der Handwerkskammern
der Industrie- und Handelskammern
Baden-Württemberg   109

▶ **Schriftliche Abschlussprüfung Winter 2020/2021**
der Berufsschulen (gewerblicher Bereich)
der Handwerkskammern
der Industrie- und Handelskammern
Baden-Württemberg   113

▶ **Schriftliche Abschlussprüfung Sommer 2021**
der Berufsschulen (gewerblicher Bereich)
der Handwerkskammern
der Industrie- und Handelskammern
Baden-Württemberg   117

Schriftliche Abschlussprüfung Sommer 2020

WK1 **Die Rolle des Mitarbeiters in der Arbeitswelt aktiv ausüben**

Als Konsument rechtliche Bestimmungen in Alltagssituationen anwenden

Ausgangssituation

Sie befinden sich kurz vor Ende Ihrer Berufsausbildung. Ihr Chef hat Sie darum gebeten, zu den Themen „Duale Berufsausbildung" sowie „Formen des Zahlungsverkehrs" einen Vortrag für die neuen Auszubildenden zu halten.

Aufgaben   20

1.1	Erstellen Sie eine Übersicht (z. B. Mindmap, Tabelle oder Ähnliches), mit deren Hilfe Sie die duale Berufsausbildung veranschaulichen. Gehen Sie dabei auf die vier Hauptpunkte „Lernorte", „Prüfungen", „Dauer" und „Vergütung" mit jeweils zwei Unterpunkten ein.	5
1.2	Nennen Sie zwei Rechte und zwei Pflichten eines Auszubildenden in der dualen Berufsausbildung.	3
1.3	Beim Vortrag stellt ein Jugendlicher die Frage: „Kann ich einen Berufsausbildungsvertrag vorzeitig beenden?" Stellen Sie alle Möglichkeiten in einer Übersicht dar. (Anlage 1)	3

Einer der neuen Auszubildenden, Ignacio Perera, möchte sich für den Weg zum Betrieb einen Elektroroller in einem Onlineshop bestellen. Ignacio Perera stellt Ihnen hierzu nach dem Vortrag folgende Fragen.

1.4	Er möche die Zahlungsart „Vorkasse" (vorab überweisen) wählen, damit er 3 % Rabatt auf den Verkaufspreis erhält. Beschreiben Sie Ignacio Perera das Risiko dieser Zahlungsart.	2
1.5	Der Onlineshop bietet weitere Zahlungsarten an: Lastschriftverfahren und Kreditkarte. Geben Sie jeweils einen Vorteil und einen Nachteil dieser beiden Zahlungsarten an.	5
1.6	Nach der Lieferung des Elektrorollers stellt Ignacio Perera fest, dass er ihm nicht gefällt. Erklären Sie Ignacio Perera, unter welchen beiden Voraussetzungen er den Elektroroller zurückgeben kann. (Anlage 2)	2

Anlage 1 zu **WK1**

Auszug aus dem Berufsbildungsgesetz (BBiG)

§22 Kündigung

(1) Während der Probezeit kann das Berufsausbildungsverhältnis jederzeit ohne Einhalten einer Kündigungsfrist gekündigt werden.

(2) Nach der Probezeit kann das Berufsausbildungsverhältnis nur gekündigt werden

    1. aus einem wichtigen Grund ohne Einhalten einer Kündigungsfrist,

    2. von Auszubildenden mit einer Kündigungsfrist von vier Wochen, wenn sie die Berufsausbildung aufgeben oder sich für eine andere Berufstätigkeit ausbilden lassen wollen.

(3) Die Kündigung muss schriftlich und in den Fällen des Absatzes 2 unter Angabe der Kündigungsgründe erfolgen.

(4) Eine Kündigung aus einem wichtigen Grund ist unwirksam, wenn die ihr zugrunde liegenden Tatsachen dem zur Kündigung Berechtigten länger als zwei Wochen bekannt sind. Ist ein vorgesehenes Güteverfahren vor einer außergerichtlichen Stelle eingeleitet, so wird bis zu dessen Beendigung der Lauf dieser Frist gehemmt.

Anlage 2 zu WK1

Auszug aus dem Bürgerlichen Gesetzbuch (BGB)

§ 312 g Widerrufsrecht

(1) Dem Verbraucher steht bei außerhalb von Geschäftsräumen geschlossenen Verträgen und bei Fernabsatzverträgen ein Widerrufsrecht gemäß § 355 zu.

[…]

§ 355 Widerrufsrecht bei Verbraucherverträgen

(1) Wird einem Verbraucher durch Gesetz ein Widerrufsrecht nach dieser Vorschrift eingeräumt, so sind der Verbraucher und der Unternehmer an ihre auf den Abschluss des Vertrags gerichteten Willenserklärungen nicht mehr gebunden, wenn der Verbraucher seine Willenserklärung fristgerecht widerrufen hat. Der Widerruf erfolgt durch Erklärung gegenüber dem Unternehmer. Aus der Erklärung muss der Entschluss des Verbrauchers zum Widerruf des Vertrags eindeutig hervorgehen. Der Widerruf muss keine Begründung enthalten. Zur Fristwahrung genügt die rechtzeitige Absendung des Widerrufs.

(2) Die Widerrufsfrist beträgt 14 Tage. Sie beginnt mit Vertragsschluss, soweit nichts anderes bestimmt ist.

(3) Im Falle des Widerrufs sind die empfangenen Leistungen unverzüglich zurückzugewähren. Bestimmt das Gesetz eine Höchstfrist für die Rückgewähr, so beginnt diese für den Unternehmer mit dem Zugang und für den Verbraucher mit der Abgabe der Widerrufserklärung. Ein Verbraucher wahrt diese Frist durch die rechtzeitige Absendung der Waren. Der Unternehmer trägt bei Widerruf die Gefahr der Rücksendung der Waren.

§ 356 Widerrufsrecht bei außerhalb von Geschäftsräumen geschlossenen Verträgen und Fernabsatzverträgen

[…]

(2) Die Widerrufsfrist beginnt

    1. bei einem Verbrauchsgüterkauf,

       […] sobald der Verbraucher oder ein von ihm benannter Dritter, der nicht Frachtführer ist, die Waren erhalten hat,

       […].

WK2 Als Konsument rechtliche Bestimmungen in Alltagssituationen anwenden – Wirtschaftliches Handeln in der Sozialen Marktwirtschaft beurteilen

Ausgangssituation

Sie unterhalten sich im Pausenraum mit Dominik Schmitt (20 Jahre) über einen Zeitungsartikel (Anlage 5). Dominik ist irritiert, da der Artikel von einer fallenden Inflationsrate berichtet, er jedoch das Gefühl hat, dass die Preise in diesem Jahr weiter gestiegen sind. Nach Feierabend recherchieren Sie im Internet und stoßen auf verschiedene Beiträge.

Aufgaben   20

2.1   Der Verbraucherpreisindex (Preisindex für die Lebenshaltung) gibt die Entwicklung des allgemeinen Preisniveaus in der Bundesrepublik Deutschland an. Er dient somit als Grundlage für die Berechnung der Inflationsrate. In Anlage 3 ist dargestellt, wie das statistische Bundesamt den Verbraucherpreisindex ermittelt.
Bringen Sie die in Anlage 3 vorgegebenen Schritte in die richtige Reihenfolge. Notieren Sie das Ergebnis auf Ihrem Prüfungspapier.   3

2.2   Erklären Sie, warum die Zusammensetzung des Warenkorbes sowie die Gewichtung der Gütergruppen immer wieder angepasst werden muss. (Anlage 4)   3

2.3   Geben Sie unter Verwendung der Anlage 5 an, welche Faktoren die Inflationsrate beeinflusst haben.   3

2.4   Erklären Sie, warum zwischen steigenden Verbraucherpreisen und einer sinkenden Inflationsrate kein Widerspruch besteht. (Anlage 5)   3 ▶

▶ 2.5   Aufgrund der Inflation befürchtet Dominik Schmitt, dass Autos zukünftig teurer werden. Es   3
fehlen ihm noch 1.000 Euro für sein Wunschauto. Stolz zeigt er Ihnen am nächsten Tag die
ihm vorliegenden Kreditangebote.
Nennen Sie vier Inhalte, die in einem Verbraucherkreditvertrag enthalten sein müssen.

2.6   Die Bank fordert von Dominik für die Gewährung des Kredits Sicherheiten. Er soll sich zwischen   5
einer Sicherungsübereignung und einer Bürgschaft entscheiden.
Stellen Sie die beiden Kreditsicherheiten in einer Tabelle gegenüber, berücksichtigen Sie dabei
folgende Fragen:
- Wie funktioniert die jeweilige Kreditsicherungsart?
- Wer ist Besitzer und Eigentümer des Fahrzeugs?

Anlage 3 zu WK 2

Indexberechnung: Vergleich des Wertes der Güter im Berichtsjahr mit dem Wert der Güter im Basisjahr (prozentuale Veränderungen ▶ Inflationsrate)	Gewichtung der Güter anhand der verbrauchten Mengen (Wägungsschema)
	Bewertung der Güter des Warenkorbs mit Preisen des Berichtsjahres (aktuelles Jahr 2020)
Bestimmung der Güter des Warenkorbes (eines repräsentativen Durchschnittshaushaltes)	Bewertung der Güter des Warenkorbs mit Preisen des Basisjahres (derzeit: 2015)

Anlage 4 zu WK 2

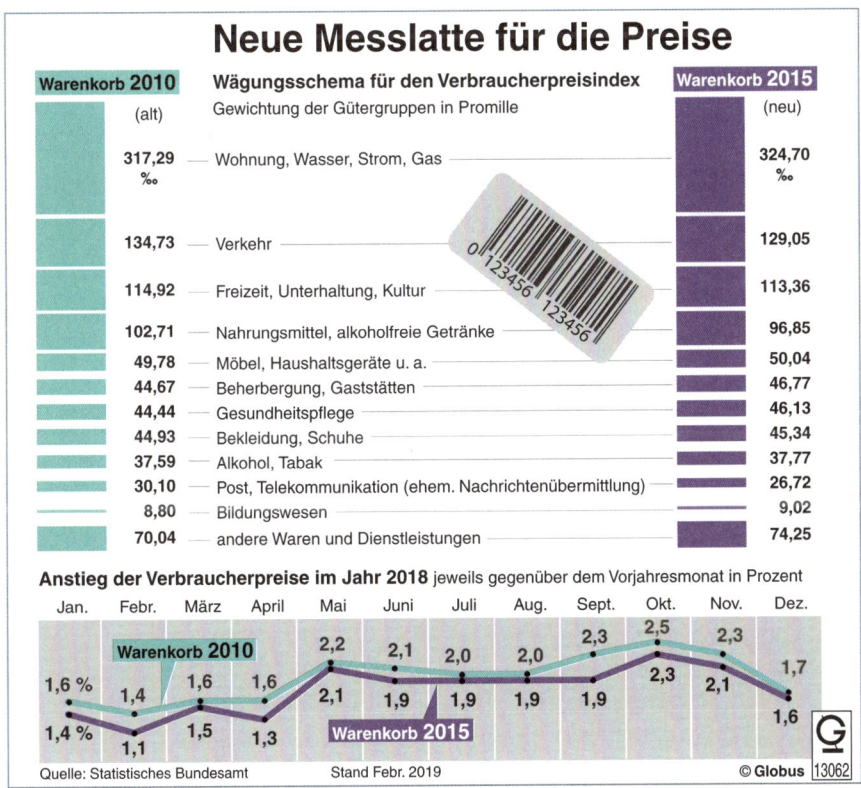

Neue Messlatte für die Preise

Wägungsschema für den Verbraucherpreisindex
Gewichtung der Gütergruppen in Promille

	Warenkorb 2010 (alt)	Warenkorb 2015 (neu)
Wohnung, Wasser, Strom, Gas	317,29 ‰	324,70 ‰
Verkehr	134,73	129,05
Freizeit, Unterhaltung, Kultur	114,92	113,36
Nahrungsmittel, alkoholfreie Getränke	102,71	96,85
Möbel, Haushaltsgeräte u. a.	49,78	50,04
Beherbergung, Gaststätten	44,67	46,77
Gesundheitspflege	44,44	46,13
Bekleidung, Schuhe	44,93	45,34
Alkohol, Tabak	37,59	37,77
Post, Telekommunikation (ehem. Nachrichtenübermittlung)	30,10	26,72
Bildungswesen	8,80	9,02
andere Waren und Dienstleistungen	70,04	74,25

Anstieg der Verbraucherpreise im Jahr 2018 jeweils gegenüber dem Vorjahresmonat in Prozent

	Jan.	Febr.	März	April	Mai	Juni	Juli	Aug.	Sept.	Okt.	Nov.	Dez.
Warenkorb 2010	1,6 %	1,4	1,6	1,6	2,2	2,1	2,0	2,0	2,3	2,5	2,3	1,7
Warenkorb 2015	1,4 %	1,1	1,5	1,3	2,1	1,9	1,9	1,9	1,9	2,3	2,1	1,6

Quelle: Statistisches Bundesamt   Stand Febr. 2019   © Globus 13062

Quelle: https://portal.picture-alliance.com/portal/searchresult/complete/-1/NORMAL_THUMB/true/true/true/true/true/Preisindex

111

Anlage 5 zu WK2

Teuerung

Inflationsrate in Deutschland fällt erneut

Die Inflation in Deutschland hat sich im Oktober (2019) erneut abgeschwächt und liegt mit 1,1 Prozent auf dem niedrigsten Stand seit Anfang 2018. Vor allem Energiekosten waren rückläufig.

Die Verbraucherpreise in Deutschland sind im Oktober wegen geringerer Energiekosten so schwach gestiegen wie seit mehr als anderthalb Jahren nicht mehr. Die Inflationsrate sank auf 1,1 Prozent, wie das Statistische Bundesamt in einer ersten Schätzung mitteilte. Im September waren es noch 1,2 Prozent.

Gedämpft wurde die Teuerung vor allem von der Entwicklung bei der Energie: Sie verbilligte sich um durchschnittlich 2,1 Prozent. Nahrungsmittel kosteten hingegen 1,1 Prozent mehr als vor Jahresfrist. Dienstleistungen verteuerten sich um 1,7 Prozent, darunter Mieten um 1,4 Prozent. […]

Quelle: vgl. https://www.spiegel.de/wirtschaft/soziales/deutschland-inflation-faellt-auf-niedrigsten-stand-seit-anfang-2018-a-1294103.html

Schriftliche Abschlussprüfung Winter 2020/2021

WK 1 **Die Rolle des Mitarbeiters in der Arbeitswelt aktiv ausüben**
Als Konsument rechtliche Bestimmungen in Alltagssituationen anwenden

Ausgangssituation

Nadine Schiller (20 Jahre) ist Auszubildende im dritten Ausbildungsjahr zur Gebäudereinigerin. Ihre Ausbildung endet laut Berufsausbildungsvertrag am 31. August 2021. Die schriftliche Abschlussprüfung findet von 10. bis 12. Mai 2021 statt. Ihre praktische Abschlussprüfung wird sie am 28. Juli 2021 ablegen. Sofort im Anschluss wird sie die Prüfungsergebnisse erfahren. Der Gesellenbrief für die Auszubildenden, die die Prüfung bestanden haben, soll am 20. September 2021 während einer Feier der Handwerkskammer überreicht werden. Frau Schillers Chef erklärte ihr bereits, dass er sie nach erfolgreichem Abschluss der Ausbildung übernehmen wird. Allerdings soll sie nur einen auf ein Jahr befristeten Arbeitsvertrag erhalten.

Aufgaben 20

1.1	Erstellen Sie einen Zeitstrahl für Frau Schiller mit folgenden Terminen:	3,5

- Ausbildungsende laut Berufsausbildungsvertrag
- schriftliche Prüfung
- praktische Prüfung
- Übergabe Gesellenbrief

Markieren Sie auf dem Zeitstrahl, wann die Berufsausbildung für Frau Schiller endet, falls sie die schriftliche und die praktische Prüfung besteht. (Anlage 1)

1.2	Beschreiben Sie einen Nachteil für Frau Schiller, der sich aus einem befristeten Arbeitsvertrag ergeben könnte.	1,5
1.3	Erstellen Sie aus den Angaben A bis J in Anlage 2 eine Übersicht (z. B. Strukturbild, Mindmap) zum Thema „Befristete Arbeitsverträge". Es genügt, wenn Sie die Buchstaben auf Ihr Lösungsblatt übertragen. Die Übersicht beginnt mit A. Anlage 3 enthält Informationen, die Ihnen bei der Lösung helfen können.	6
1.4	Von ihrer Ausbildungsvergütung kauft sich Frau Schiller ein Smartphone bei Elektro-Schmidt GmbH. Sie unterschreibt einen Kaufvertrag mit Allgemeinen Geschäftsbedingungen (AGB). Begründen Sie, ob die Schriftform beim Kaufvertrag gesetzlich vorgeschrieben ist. Erklären Sie zwei Vorteile der Schriftform.	3
1.5	Überprüfen Sie mit Hilfe des Gesetzestextes (Anlage 4) die einzelnen Bestimmungen (Klauseln) der AGB (Anlage 5) auf ihre Gültigkeit.	6

Anlage 1 zu WK 1

Auszug aus dem Berufsbildungsgesetz (BBiG)

§ 21 Beendigung
(1) Das Berufsausbildungsverhältnis endet mit dem Ablauf der Ausbildungsdauer [...].
(2) Bestehen Auszubildende vor Ablauf der Ausbildungsdauer die Abschlussprüfung, so endet das Berufsausbildungsverhältnis mit Bekanntgabe des Ergebnisses durch den Prüfungsausschuss.
(3) Bestehen Auszubildende die Abschlussprüfung nicht, so verlängert sich das Berufsausbildungsverhältnis auf ihr Verlangen bis zur nächstmöglichen Wiederholungsprüfung, höchstens um ein Jahr.

Anlage 2 zu WK 1

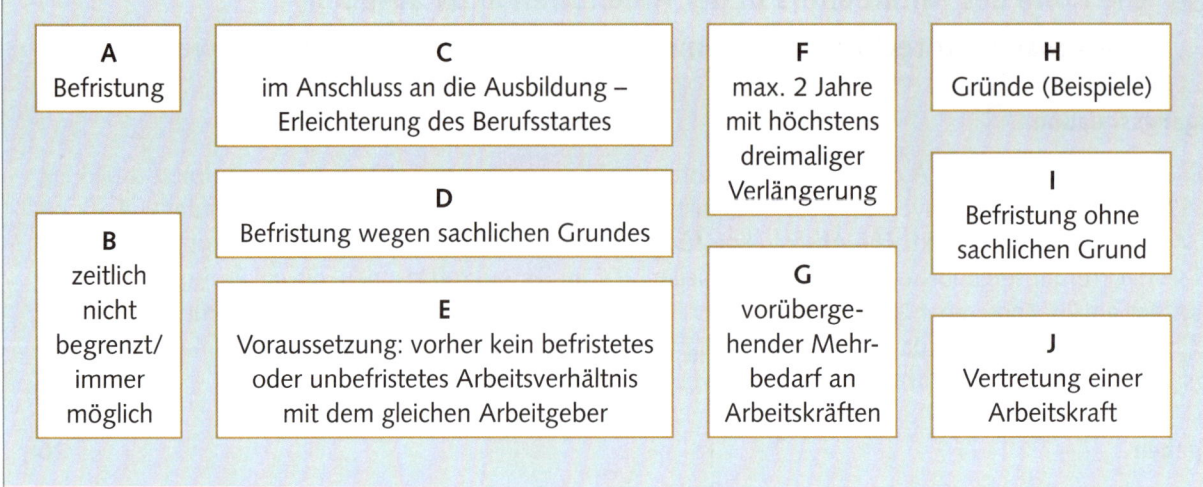

Anlage 3 zu WK 1

Auszug aus dem Teilzeit- und Befristungsgesetz (TzBfG)

§ 14 Zulässigkeit der Befristung
(1) Die Befristung eines Arbeitsvertrages ist zulässig, wenn sie durch einen sachlichen Grund gerechtfertigt ist. Ein sachlicher Grund liegt insbesondere vor, wenn
1. der betriebliche Bedarf an der Arbeitsleistung nur vorübergehend besteht,
2. die Befristung im Anschluss an eine Ausbildung oder ein Studium erfolgt, um den Übergang des Arbeitnehmers in eine Anschlussbeschäftigung zu erleichtern,
3. der Arbeitnehmer zur Vertretung eines anderen Arbeitnehmers beschäftigt wird. […]

(2) Die kalendermäßige Befristung eines Arbeitsvertrages ohne Vorliegen eines sachlichen Grundes ist bis zur Dauer von zwei Jahren zulässig; bis zu dieser Gesamtdauer von zwei Jahren ist auch die höchstens dreimalige Verlängerung eines kalendermäßig befristeten Arbeitsvertrages zulässig. Eine Befristung nach Satz 1 ist nicht zulässig, wenn mit demselben Arbeitgeber bereits zuvor ein befristetes oder unbefristetes Arbeitsverhältnis bestanden hat.

Anlage 4 zu WK 1

Auszug aus dem Bürgerlichen Gesetzbuch (BGB)

§ 305 b Vorrang der Individualabrede
Individuelle Vertragsabreden haben Vorrang vor Allgemeinen Geschäftsbedingungen.

§ 305 c Überraschende und mehrdeutige Klauseln
(1) Bestimmungen in Allgemeinen Geschäftsbedingungen, die nach den Umständen, insbesondere nach dem äußeren Erscheinungsbild des Vertrags, so ungewöhnlich sind, dass der Vertragspartner des Verwenders mit ihnen nicht zu rechnen braucht, werden nicht Vertragsbestandteil.
(2) […]

§ 307 Inhaltskontrolle
(1) Bestimmungen in Allgemeinen Geschäftsbedingungen sind unwirksam, wenn sie den Vertragspartner des Verwenders […] unangemessen benachteiligen. […]
(2) Eine unangemessene Benachteiligung ist im Zweifel anzunehmen, wenn eine Bestimmung
1. mit wesentlichen Grundgedanken der gesetzlichen Regelung, von der abgewichen wird, nicht zu vereinbaren ist […].
2. wesentliche Rechte oder Pflichten […] des Vertrags […] so einschränkt, dass der Vertragszweck gefährdet ist.

§ 439 Nacherfüllung

[…]

(2) Der Verkäufer hat die zum Zwecke der Nacherfüllung erforderlichen Aufwendungen, insbesondere Transport-, Wege-, Arbeits- und Materialkosten zu tragen.

Anlage 5 zu WK 1

Allgemeine Geschäftsbedingungen der Elektro-Schmidt GmbH

Für unsere Leistungen und Lieferungen gelten ausschließlich nachfolgende Allgemeine Geschäftsbestimmungen.

I Individuelle Absprachen

Von den AGB kann abgewichen werden. Individuelle Absprachen zwischen Verkäufer (Elektro Schmidt GmbH) und dem Käufer sind gültig.

[…]

III Zusätzliche Leistungen

Mit Abschluss eines Handykaufvertrags schließt der Kunde automatisch eine Garantieverlängerung ab. Die Kosten hierfür betragen einmalig 10 % vom Nettokaufpreis und sind vom Käufer zu zahlen.

[…]

VI Gewährleistung

Die Kosten, die in Folge einer Nacherfüllung entstehen (z. B. Reparatur eines defekten Gerätes) werden zwischen Käufer und Verkäufer geteilt. Dies bedeutet, dass sowohl Käufer als auch Verkäufer jeweils 50 % der anfallenden Kosten tragen.

[…]

WK 2 Die Rolle des Mitarbeiters in der Arbeitswelt aktiv ausüben
Wirtschaftliches Handeln in der Sozialen Marktwirtschaft beurteilen

Ausgangssituation

Paul Kaiser (21 Jahre) und Meike Schröder (20 Jahre) arbeiten in einem mittelständischen Industrieunternehmen. Es entwickelt sich folgendes Gespräch:

Paul Kaiser: Als ich gestern meine letzte Lohnabrechnung anschaute, habe ich mich mal wieder über den großen Unterschied zwischen meinem Bruttolohn von 2.700,00 Euro und meinem Nettolohn von 1.617,53 Euro geärgert.

Meike Schröder: Da stimme ich dir zu. Aber damit habe ich mich abgefunden. Mich ärgert, dass unser Arbeitgeber ab nächsten Monat die Pausenzeiten von 30 auf 50 Minuten täglich verlängern möchte.

Paul Kaiser: Das ist eine Frechheit. Darum muss sich unbedingt der Betriebsrat kümmern. Und dabei soll er sich gleich dafür einsetzen, dass mehr vom Bruttolohn in unserer Tasche ankommt. In der schlechten Konjunkturlage bekommen wir sowieso keine Lohnerhöhung.

Meike Schröder: Unser Kollege Ulrich Gruber hat mir erzählt, dass er vor kurzem 1.450,00 Euro vom Finanzamt zurückerhalten hat. Wie er das nur gemacht hat?

Aufgaben   **20**

2.1 Herr Kaiser formuliert im Gespräch zwei Forderungen an den Betriebsrat.   4
- Geben Sie beide Forderungen stichwortartig an.
- Begründen Sie, ob dem Betriebsrat Möglichkeiten zustehen, diese Forderungen umzusetzen.

2.2 Listen Sie für Herrn Kaiser die einzelnen Abzüge seiner Lohnabrechnung auf, die zum Unter-   3
schied zwischen Brutto- und Nettolohn führen.

2.3 Sie helfen Herrn Kaiser bei seiner Einkommensteuererklärung. Er hat Ihnen eine E-Mail mit   3
seinen Ausgaben gesendet. (Anlage 6)
Ordnen Sie die Ausgaben von Herrn Kaiser in eine Tabelle mit folgender Struktur ein:

Werbungskosten in Euro	Sonderausgaben in Euro	steuerlich nicht berück-sichtigungsfähig in Euro
…	…	…

(Tabelle bitte auf das Lösungsblatt übernehmen.)

2.4 Werbungskosten und Sonderausgaben verändern das zu versteuernde Jahreseinkommen.   1
Erklären Sie, warum Herr Kaiser eine Einkommensteuererklärung abgeben sollte.

2.5 Zur Beurteilung der wirtschaftlichen Lage dienen verschiedene Indikatoren, z.B. die Auftrags-   5
eingänge der Unternehmen.
- Nennen Sie zwei weitere Konjunkturindikatoren.
- Beschreiben Sie für einen Indikator, wie er sich in den vier Konjunkturphasen jeweils verhält.

2.6 In der sozialen Marktwirtschaft hat der Staat die Möglichkeit, die Wirtschaft zu beeinflussen.   4
Erläutern Sie zwei Einflussmöglichkeiten des Staates und deren Auswirkungen in der oben
angesprochenen Wirtschaftslage.

Anlage 6 zu WK 2

Hallo,

mein Jahreseinkommen beträgt 32.400,00 EUR.
Anbei meine Belege. Kann man mit denen steuerlich etwas machen?

Anfahrt Arbeitsplatz	1.188,00 EUR	(18 km × 220 Tage × 0,30 EUR)
Kirchensteuer	330,00 EUR	
Gewerkschaftsbeitrag	350,00 EUR	
Quittung Mittagessen in Kantine (Jahr)	700,00 EUR	
Spenden an Hilfsorganisation	300,00 EUR	
Jahreskarte Fußballverein	65,00 EUR	

Danke für Deinen Rat.

Viele Grüße
Paul

Schriftliche Abschlussprüfung Sommer 2021

WK 1 Die Rolle des Mitarbeiters in der Arbeitswelt aktiv ausüben
Als Konsument rechtliche Bestimmungen in Alltagssituationen anwenden

Ausgangssituation

Lisa Fischer ist Fachkraft für Metalltechnik und wurde im Frühjahr zur Betriebsrätin in der Schneider Metallbau GmbH, die 152 Mitarbeiter/-innen hat, gewählt.

Aufgaben
20

1.1	Nennen Sie mithilfe von Anlage 1 drei Bedingungen, die Frau Fischer erfüllen musste, um gewählt werden zu können.	3
1.2	Die Auftragslage der Schneider Metallbau GmbH ist schlecht und zwingt die Geschäftsleitung zu harten Maßnahmen. Die betroffenen Mitarbeiter/-innen fordern Frau Fischer als Betriebsrätin auf, ihre Rechte zu prüfen und gegebenenfalls gegen die betrieblichen Maßnahmen vorzugehen.	6

Maßnahme 1:   Mehrere Mitarbeiter/-innen erhalten die Kündigung.
Maßnahme 2:   Die Geschäftsleitung verhängt eine Urlaubssperre über den Jahreswechsel.
Maßnahme 3:   Aus Kostengründen wird ein unrentables Zweigwerk geschlossen.

Erklären Sie unter Nennung der Paragrafen in Anlage 2, welche Rechte Frau Fischer als Betriebsrätin jeweils geltend machen kann.

1.3	Herr Tobias Keller, Industriemechaniker, legt Frau Fischer sein Arbeitszeugnis vor. Er ist unsicher über folgende Formulierung. „Herr Tobias Keller hat die ihm übertragenen Aufgaben zu unserer Zufriedenheit erledigt." Beurteilen Sie die Zeugnisaussage mit einer Note.	2
1.4	Auf ihrem Girokonto sparte Frau Fischer einen Betrag von 5.000,00 Euro an, um sich später einen Pkw zu kaufen. Bis dahin möchte sie das Geld gut anlegen. Stellen Sie die Anlagemöglichkeiten „Termingeld" und „Aktienfonds" in einer Tabelle anhand je einem Vor- und einem Nachteil gegenüber.	4
1.5	Frau Fischer überlegt, die Differenz zwischen ihrem Ersparten und dem Kaufpreis des Autos mit einem Kredit zu finanzieren. Im Beratungsgespräch bei der Bank erfährt sie, dass die Bank den Kredit mit einer Sicherungsübereignung absichern möchte. Erklären Sie jeweils einen Vorteil dieser Kreditsicherheit für Frau Fischer und die Bank.	2
1.6	Im Radio hört Frau Fischer, dass rund 750.000 Baden-Württemberger über 18 Jahren laut „Schuldneratlas 2020" überschuldet waren. Schuldnerberatungen empfehlen deshalb, einen Haushaltsplan zu führen.	3

- Begründen Sie die Empfehlung von Schuldnerberatungen, einen Haushaltsplan zu führen.
- Erläutern Sie aus Sicht des Schuldners, weshalb ein Verbraucherinsolvenzverfahren nur als letzte Möglichkeit gewählt werden sollte. (2 Angaben)

Anlage 1 zu WK 1

Auszug aus dem Betriebsverfassungsgesetz (BetrVG)

§ 1 Errichtung von Betriebsräten
(1) In Betrieben mit in der Regel mindestens fünf ständigen wahlberechtigten Arbeitnehmern, von denen drei wählbar sind, werden Betriebsräte gewählt. […].

▶

§5 Arbeitnehmer

(1) Arbeitnehmer [...] sind Arbeiter und Angestellte einschließlich der zu ihrer Berufsausbildung Beschäftigten, [...].

§7 Wahlberechtigung

Wahlberechtigt sind alle Arbeitnehmer des Betriebs, die das 18. Lebensjahr vollendet haben [...].

§8 Wählbarkeit

(1) Wählbar sind alle Wahlberechtigten, die sechs Monate dem Betrieb angehören [...].

Anlage 2 zu WK 1

Auszug aus dem Betriebsverfassungsgesetz (BetrVG)

§87 Mitbestimmungsrechte

(1) Der Betriebsrat hat, soweit eine gesetzliche oder tarifliche Regelung nicht besteht, in folgenden Angelegenheiten mitzubestimmen:

1. Fragen der Ordnung des Betriebs und des Verhaltens der Arbeitnehmer im Betrieb;
2. Beginn und Ende der täglichen Arbeitszeit einschließlich der Pausen sowie Verteilung der Arbeitszeit auf die einzelnen Wochentage;
3. vorübergehende Verkürzung oder Verlängerung der betriebsüblichen Arbeitszeit;
4. Zeit, Ort und Art der Auszahlung der Arbeitsentgelte;
5. Aufstellung allgemeiner Urlaubsgrundsätze und des Urlaubsplans [...];
6. Einführung und Anwendung von technischen Einrichtungen, die dazu bestimmt sind, das Verhalten oder die Leistung der Arbeitnehmer zu überwachen;
7. Regelungen über die Verhütung von Arbeitsunfällen und Berufskrankheiten [...];
8. Form, Ausgestaltung und Verwaltung von Sozialeinrichtungen, [...].

§102 Mitbestimmung bei Kündigungen

(1) Der Betriebsrat ist vor jeder Kündigung zu hören. Der Arbeitgeber hat ihm die Gründe für die Kündigung mitzuteilen. Eine ohne Anhörung des Betriebsrats ausgesprochene Kündigung ist unwirksam.

(2) Hat der Betriebsrat gegen eine [...] Kündigung Bedenken, so hat er diese unter Angabe der Gründe dem Arbeitgeber [...] schriftlich mitzuteilen. Äußert er sich [...] nicht, gilt seine Zustimmung zur Kündigung als erteilt. [...]

§111 Betriebsänderungen

In Unternehmen mit in der Regel mehr als zwanzig wahlberechtigten Arbeitnehmern hat der Unternehmer den Betriebsrat über geplante Betriebsänderungen, die wesentliche Nachteile für die Belegschaft oder erhebliche Teile der Belegschaft zur Folge haben können, rechtzeitig und umfassend zu unterrichten und die geplanten Betriebsänderungen mit dem Betriebsrat zu beraten. [...] Als Betriebsänderungen im Sinne des Satzes 1 gelten

1. Einschränkung und Stilllegung des ganzen Betriebs oder von wesentlichen Betriebsteilen,
2. Verlegung des ganzen Betriebs oder von wesentlichen Betriebsteilen, [...].

WK 2 Wirtschaftliches Handeln in der Sozialen Marktwirtschaft beurteilen
Entscheidungen im Rahmen einer beruflichen Selbstständigkeit treffen

Ausgangssituation

Susi Koller und Gerd Huber absolvieren eine Berufsausbildung im Konditorenhandwerk. Am 3. Oktober feiern sie den Jahrestag der Wiedervereinigung von Ost- und Westdeutschland.

Herr Huber:	Ich weiß aus Erzählungen meines Vaters, dass es in der DDR fast nur Staatsbetriebe gab.
Frau Koller:	Bin ich froh, dass wir in der Bundesrepublik Deutschland die Soziale Marktwirtschaft haben. Da können wir uns unseren Traum von einer eigenen Konditorei viel leichter erfüllen.

Aufgaben 20

2.1 Nennen Sie vier Merkmale, die für die Soziale Marktwirtschaft charakteristisch sind. 4

2.2 In der Sozialen Marktwirtschaft greift der Staat im **sozialpolitischen** Bereich in das Wirtschafts- 3
leben ein.
- Nennen Sie ein Ziel, das der Staat damit erreichen möchte.
- Geben Sie dazu zwei Maßnahmen an.

2.3 Aus den Nachrichten weiß Frau Koller, dass sich durch die Corona-Pandemie die Wirtschafts- 4
lage in Deutschland verschlechtert hat. In solchen Krisenzeiten versucht der Staat die Konjunktur durch geeignete Maßnahmen anzukurbeln.
Beschreiben Sie anhand von zwei Maßnahmen aus Anlage 3, wie sich diese auf die Privathaus-
halte sowie die Gesamtwirtschaft auswirken können.

2.4 Frau Koller und Herr Huber planen, sich nach ihrer Ausbildung mit einem Konditoreibetrieb 2
selbstständig zu machen.
Nennen Sie zwei persönliche Voraussetzungen, die zum Führen eines Unternehmens notwendig sind (mit Begründung).

2.5 Bei der Wahl des Standortes für ihren Betrieb sind sich Frau Koller und Herr Huber noch unei- 4
nig. Frau Koller wünscht sich eine kleine Konditorei auf dem Land. Herr Huber dagegen sieht
größere Erfolgschancen in der Großstadt.
Stellen Sie in einer Tabelle je zwei Vorteile der beiden Standort-Alternativen gegenüber.

2.6 Auch über die Wahl der Rechtsform für ihren Konditoreibetrieb machen sich Frau Koller und 3
Herr Huber Gedanken. Sie entscheiden sich am Ende für die Gründung einer GmbH.
Erklären Sie anhand von drei Merkmalen, weshalb sich Frau Koller und Herr Huber für diese
Rechtsform entschieden haben.

Anlage 3 zu WK2

Das CORONA-Hilfspaket der Bundesregierung

Mehrwertsteuersenkung 20 Mrd. Euro: von 19 % auf 16 % und 7 % auf 5 %

Familienzuschuss 4,3 Mrd. Euro: einmalig 300 Euro pro Kind

Überbrückungshilfen 25 Mrd. Euro: Hotel- und Gaststättengewerbe, Clubs und Bars, Reisebüros
etc.

Kaufprämien von 3.000 auf 6.000 Euro: Verdoppelung der Kaufprämien für E-Autos

Gewerbesteuer 6 Mrd. Euro: Ausgleich für den Ausfall für Kommunen

Steuerentlastungen ca. 8 Mrd. Euro für Unternehmen

Quelle: vgl. Bundesministerium für Wirtschaft und Energie